马云是早期在中国开拓电子商务应用并坚守互联网领域的企业家之一,他和他的团队创造了中国互联网众多的奇迹。

孙向杰 ◎编著

马云
人生训言
全面解读中国电商教父的人生忠告

群言出版社
QUNYAN PRESS
·北京·

图书在版编目(CIP)数据

马云：人生训言 / 孙向杰编著. —— 北京：群言出版社，2016.5
ISBN 978-7-5193-0111-8

Ⅰ.①马… Ⅱ.①孙… Ⅲ.①马云-生平事迹②电子商务-商业企业管理-经验-中国 Ⅳ.①K825.38 ②F724.6

中国版本图书馆 CIP 数据核字（2016）第 093325 号

责任编辑：朱前前
封面设计：孙希前

出版发行	群言出版社
社　　址	北京市东城区东厂胡同北巷 1 号（100006）
网　　址	www.qypublish.com
自营网店	https://qycbs.tmall.com（天猫旗舰店）
	http://qycbs.shop.kongfz.com（孔夫子旧书网）
	http://www.qypublish.com（群言出版社官网）
电子信箱	qunyancbs@126.com
联系电话	010-65267783　65263836
经　　销	全国新华书店
法律顾问	北京天驰君泰律师事务所
印　　刷	北京毅峰迅捷印刷有限公司
版　　次	2016 年 8 月第 1 版　2016 年 8 月第 1 次印刷
开　　本	710mm × 1000mm　1/16
印　　张	15
字　　数	222 千字
书　　号	ISBN 978-7-5193-0111-8
定　　价	35.00 元

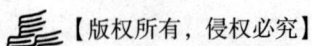
【版权所有，侵权必究】

前 言

提起马云,人们立刻把他和阿里巴巴集团、支付宝、淘宝网等联系起来,这些时刻影响着我们生活的企业,已经如同马云的名字一般如雷贯耳。

马云是最早在中国开拓电子商务应用并坚守互联网领域的企业家,他和他的团队创造了中国互联网众多第一。马云,这个教师出身的企业家,头上笼罩着太多的光环:登上大洋彼岸的《福布斯》,与布莱尔共进晚餐,与克林顿开怀笑谈,风头甚至超过盖茨,成为充满想象力的"未来首富"。

所有中国企业家所能得到的荣誉和不曾受到的殊荣,马云几乎都囊括和包揽了。无论在商界、政界,还是哈佛、牛津这样的世界名校,马云都是炙手可热的中国企业家。在这些奇迹背后,一定蕴涵着某些可以让人有所启迪的 DNA。这位知名的创业家、企业家的奋斗故事激励着亿万年轻人,却鲜有人知道马云成功前的跋涉岁月、艰苦历程,也无从知晓他成功的法则以及力量的源泉。马云曾经说过"永不放弃",他还说过"我经常怀疑自己,但从不怀疑信念"。

这些信念正是支撑着他一路走来的动力,正是他不断奋斗的精神源泉。当创业初始,资金匮乏,四处求助无门之际;当阿里巴巴经营几度面临风雨飘摇、岌岌可危之时;当淘宝遭遇信誉危机,上市面临困难时刻……马云用他的梦想、承诺与坚持无畏前行,挺过一个个人生的艰难时刻。

马云的成功并非偶然，每个人的成功都不是脑海里想的那般简单，不是嘴巴上说的那般容易，成功需要我们从零做起，打好基础，然后一步一个脚印走下去；成功需要我们有责任心，做人做事要有自己的原则；成功需要我们以马云的创业精神与人生哲学为榜样；成功需要我们明白为什么要成功；成功更需要我们有一个永不磨灭的梦想。

每个人之所以会有不同的成就，原因就在于所提出的问题不同，思考的方式不同，吸取他人忠告的程度不同。改变你的思想，才能改变你的人生，智者给你的忠告都是通过实践得来的至理名言。所以你要记住、感悟，把智者的经验变成自己的规律。会使你少走弯路，获取更大的成功。

本文的主人公马云不仅是当今中国的商业英雄，更被国际舆论称为中国的"乔布斯"，是当今中国为数不多的"企业思想家"之一。他从一个名不见经传的教员，在并不太长的时间内即成为傲视群雄的互联网先锋，并连续创造了多个中国或全球第一。这其间，他用自己的商界偶像形象和思想影响了数以亿计的人们，而他的人生也充满了或悲或喜的故事，以及人生警示。

本书结合马云的亲身经历，全面讲述马云从人生定位到机会把握，从执行的力量到创业的本质，从管理的理念到处世之道，无一不涵盖其中。翻开这本书，你将窥见马云成功的根本法则与秘密；读透这本书，你将获得改变人生命运的神奇力量。

马云是最早在中国开拓电子商务应用并坚守互联网领域的企业家，他和他的团队创造了中国互联网众多第一。创造了从50万美金到市值1000亿的传奇，被《财富》认为中国最具影响力的商界领袖之一。一个激励中国的创业人物，一个草根英雄的传奇故事。本书集锦了马云的创业与人生真经，读者可以从书中欣赏马云的胆识、谋略，以及勇进勇退的精神，相信马云的成功历程会给数千万年轻人以智慧启迪，在事业的进程中能够激流勇进。

第一章 人要为了梦想而生存

毫无疑问,梦想是一个人最大的动力。马云说过:"作为一个创业者,首先要给自己一个梦想。1995年我偶然有一次机会到了美国,然后我看见了、发现了互联网。我对技术几乎不懂,到目前为止,我对电脑的认识还是部分停留在收发邮件和浏览页面上。但是这并不重要,重要的是你到底有什么梦想。"

1. 创业者首先要给自己一个梦想/3
2. 多花时间看别人如何失败/7
3. 一定要坚持自己的梦想/11
4. 最大的财富,就是你的诚信 /17
5. 绝大部分人死在明天晚上,我们必须努力面对今天/24
6. 不要为钱工作/30
7. 有理想的人才有未来/35

第二章 要永远保持最初的激情

马云奉行激情人生,崇尚激情创业、激情创新、激情冒险。马云是一个激情四射的创业者,是一个伟大理想的布道者,是一个辉煌梦想的鼓吹者。马云善于用激情感染团队,感染事业。在外人看来,阿里巴巴的几百名员工就像一锅沸水,就像一个疯狂的陀螺。是马云点燃了阿里巴巴团队的激情,也造就了阿里巴巴持续成功的激情神话。永远不缺少激情的马云相信,天下没有不能打败的对手,即便竞争对手是一个领域内的传奇人物、神话人物。

1. 做一个激情四射的创业者/41

2. 只有拥有持久的激情才可赚钱/46

3. 心有多大 舞台就有多大/51

4. 非专注无以作为/57

5. 坚持是最重要/65

6. 九十九次的失败换来一次的成功/69

第三章 坚韧不拔战胜每一个挫折

人生需要挫折,有挫折的人生才能让你在拼搏中体验征战历程的美。人生对每个人都是公平的,人生好比两瓶必须要喝的酒,一瓶是甜蜜的,一瓶是酸苦的。你先喝了甜蜜的,其后必然是酸苦的。面对挫折,你只不过先喝了酸苦的,又何必耿耿于怀呢?但能否将酸苦的化为甜蜜的,关键则在于你如何把握。如果你甘于酸苦的,那上帝也无可奈何;反之,如果你敢于拼搏,勇于争取,那你就有希望品尝甜蜜。无论何时你都应该明白:命运不是掌握在别人手中,而是自己手中。

1. 成功者要能吃苦会吃苦/75

2. 主动出击永远是最好的防御手段/81

3. 男人的胸怀是用委屈撑大的/88

4. 最大的失败是放弃/93

5. 只要不放弃就会有机会/97

6. 永不抱怨是一种能力/101

7. 创业者最需要永不言弃的精神/105

第四章 想法决定我们的生活

企业在经营发展过程中会遇到难以突破的瓶颈,个人在人生道路上也会遇到很多困境和难题。要迅速有效地解决这些问题,必须具备正确的思路。成功者之所以在众多竞争者中一枝独秀,就是因为他们拥有出奇制胜的思路。企业与企业之间,人与人之间的差别,从根本上说都是思路上的差别。可以说,思路决定出路,想法决定前途。

1. 永远创新,绝不盲目模仿别人/111

2. 个性就是有生命力、创造力/117

3. 你的眼光在哪里更为重要/123

4. 独具慧眼的创意/128

5. 做自己最熟悉的事情/132

6. 做一个善于发现的人/137

7. 没有思路就没有出路/141

8. 善于发现"猎物"/146

第五章　处好世才能立好业

人生在世为人处事要想兴旺发达,就要像河流一样弯曲地绕过阻碍,才能流淌得长远;也要像弯曲的道路因为盘旋而通向山林的幽深之处。懂得宽容的人必然能得到别人的支持。自尊自重的人才能产生威严,行事小心谨慎的人才能免除灾祸。考虑问题要全面,而行事还要方正,最终达到圆满的境界。适时地做一些标新立异的事情可能会使你的能力与才华在短时间内就能获得别人的认可,这是成就事业的基础。

1. 建立你的人脉关系/153

2. 用人最大的突破在于信任人/158

3. 只有诚信的人才能富起来/164

4. 最合适的就是最好的/168

5. 对你的员工一定要真诚/172

6. 豁达为人,宽容处世/176

7. 人才永远是企业的常青树/180

8. 我为人人,人人为我/185

第六章　一有想法,就要马上行动

行动比想法更重要,在工作中,行动比想法更重要,要想顺利地完成工作,取得优异的工作业绩,在经过思考后,关键在于行动。如果不行动,就成了口头上的巨人。梦想是成大事者的起跑线,决心则是起跑时的枪声,行动犹如奔跑者全力地奔跑,唯有坚持到最后一秒,方能获得成大事者的锦旗。一次行动胜过百遍胡思乱想,说一尺不如行一寸,行动比想法更重要。

1. 勇而敢者死,勇而不敢者胜/193
2. 坚信自己成功是成功的保障/197
3. 快速行动,方可立于不败之地/202
4. 只赌自己有把握的事/209
5. 创业不仅要"想"还要"做"/214
6. 行动是实现梦想的唯一捷径/218
7. 适时出击,抓住机会/223
8. 看不清的机会才是真正的机会/229

第一章

人要为了梦想而生存

毫无疑问，梦想是一个人最大的动力。马云说过："作为一个创业者，首先要给自己一个梦想。1995年我偶然有一次机会到了美国，然后我看见了、发现了互联网。我对技术几乎不懂，到目前为止，我对电脑的认识还是停留在收发邮件和浏览页面上。但是这并不重要，重要的是你到底有什么梦想。"

1. 创业者首先要给自己一个梦想

作为一个创业者，首先要给自己一个梦想。人没有梦想，没有一点浪漫主义精神，是不会成功的。在人生的道路上，我们可以流泪、流汗，可以停下脚步，甚至可以掉头往回走一段，只要不放弃，就会有看到曙光的那一刻。

马云在中央电视台举办的"中国青年人创业"大会上曾经讲过这样几句话："作为一个创业者，首先要给自己一个梦想。1995年我偶然有一次机会到了美国，然后我看见了、发现了互联网。我对技术几乎不懂，到目前为止，我对电脑的认识还是停留在收发邮件和浏览页面上，我今天早上还在说，到现在为止我还搞不清楚该怎么样在电脑上用U盘。但是这并不重要，重要的是你到底有什么梦想。"

应当说，马云是一个不安分的人，他就像希腊神话中的西西弗斯一样，把石头不停地往山上滚。不过，西西弗斯滚动的是石块，而马云追逐的是自己的梦想。

马云是一个典型的理想主义者。追逐自己的梦想，是马云一生的宿命。他一旦被理想所包围，就没有任何困难能够阻拦他。

马云作为杭州师范学院的毕业生，被留在杭州电子工业学院任教。一个本科生能够留在大学任教，在许多人眼里，这已经是一件很了不起的事情了。在20世纪90年代,能够有一份大学教师的工作,绝对是一件好事情。

但是,这要看在谁眼里了。在追逐梦想的人眼里,还有什么能够阻挡自己追逐梦想呢?小小的校园是锁不住那颗向往更高天空飞翔的心的。马云开始琢磨着办了个海博翻译社,这应该是杭州最早的专业翻译机构,也是马云的第一个梦想,后来马云曾经说过:"我总觉得这件事情挺好的,然后也是一个梦想,我觉得这个翻译社是有前景的,可以成为杭州最大甚至是浙江最大的一个翻译社。"

但是,一个翻译社远远不能满足一个追梦者的梦想,但是正是这家小小的海博翻译社锻炼了马云的经商能力,也让马云的梦想变得更大,眼界变得更高。

马云赶上了一个好时代。20世纪90年代正是中国发生翻天覆地变化的时候,中国的改革开放的总设计师邓小平同志进行了南方视察,发表了一系列对于中国的改革发展有着决定性意义的"南方讲话"。于是,在生机勃勃的中国大地上,一大批"追梦者"开始了追寻梦想的征程。

此刻,马云的内心深处也是心潮汹涌,热血澎湃。一个理想主义者,正在为自己心中的梦想激励得热血高涨。

但是,马云在事业上已经是一帆风顺,小有成就。这一年,刚满30岁的马云,已经是杭州市"十大杰出青年教师"之一,还是学校驻外办事处的主任,对于一个教师来说,已经是很不错了。但是,马云还是怀着一股"壮士一去兮不复还"的心情,坚定地走进了校长的办公室,递上了自己的辞职信。

校长十分惊讶,在吃惊之余进行了挽留,在没有希望的情况下,他对马云留下了一条后路:"你什么时候想要回来,这里永远都欢迎你!"马云也对校长的一片深情表示感谢："我要回来那也是十年之后的事情了！"

就这样，追逐心中梦想的马云，放弃了在学校中所有的地位、身份和良好的待遇，毅然决然告别了朝夕相伴6年的校园，踏上了追逐梦想的征途。

功成名就的马云在一次面对媒体的时候，回忆起当年自己的决然出走时，不无感慨地说："当时我已经30岁了，我就是要去做一家公司，不管做什么公司，只要有一个行业我就会跳下去！"

就这样，在梦想的呼唤下，教师队伍中少了一个优秀的教师，而中国却多了一个杰出的商人，多了一个世界级的网络公司。

大部分想创业的人却是晚上想想千条路，早上起来走原路。他们比马云聪明多了，能想出非常多的创业好点子来，但是他们从来没有去执行过。因为他们有着太多的借口和理由。于是，他们继续过他们平庸的生活。新东方创始人俞敏洪在北京大学2008年开学典礼上说了这样一段话："人的一生是奋斗的一生，但是有的人一生过得很伟大，有的人一生过得很琐碎。如果我们有一个伟大的理想，有一颗善良的心，我们一定能把很多琐碎的日子堆砌起来，变成一个伟大的生命。但是如果你每天庸庸碌碌，没有理想，从此停止进步，那未来你一辈子的日子堆积起来将永远是一堆琐碎。"

马云三次没钱的创业经历，再听了俞敏洪关于人生的论断，你还会为自己创业寻找"没钱"或是没有其他什么的借口吗？你要做的是：想到了，马上就去做！像马云那样，只要你付出所有的努力，成功的大门会为你敞开！其实创业之门随时为你敞开，走出第一步的时候，你便和马云在一条路上了。不同之处在于他已经跑出很远，而你刚刚起步。

杰克韦尔奇在回顾自己辉煌的CEO生涯时，曾经不无感慨地说："如果一个人在30岁时就开始做一件日复一日、周而复始的工作，那将是一件多么遗憾的事情。拿出你的勇气，去冒险吧，去追逐你的梦想吧！"

在中国人的观念中，30岁正是而立之年。对于今天许许多多在路上奋斗的创业者来说，这个年龄有一种"界线"的意义。在这条界线的两边，有人向左走，去追逐自己的梦想；有人向右走，追求稳定但平淡的生活。

创业的过程，其实就是"追逐梦想"的过程。今天，"创业教父"马云不停地追逐着自己一个又一个梦想，我们的创业者还在等待什么？拿出你的勇气，开始追梦吧！

人生忠告 生活中要有梦想，梦想是我们得以成功的导航器，一个人若没有梦想，就像一艘轮船没有舵一样，只能随波逐流，无法掌握，最终搁浅在绝望、失败、消沉的海滩上。梦想有多远，幸福就有多长。有梦想就会有希望，人不是生来就是要被打败的，只要你有勇气，人穷志不穷，哪怕你现在什么也没有，只要去努力奋斗，将来所有的一切都会有的。然而，梦想是美好的，奋斗更是非常重要的。要实现梦想就必须要付出劳动，付出辛苦。无论到什么时候，都不要关了自己梦想的那扇大门。

2. 多花时间看别人如何失败

有人这样说：勇敢地面对失败是另一种成功，而错误地沉溺于成功则相当于一种失败。是的，人生总会有很多的起起伏伏，不小心跌倒了，并不代表着从此便一事无成；经过一番挫折后成功了，也并非意味着从此便可以一劳永逸。成功有很多种，并且它是永无止境的，每登上一个新台阶后应该思考如何更上一层楼，如果停下来，马上就会有人超过你。

马云虽然成为亚洲首富，但他却从来不认为自己取得了多么辉煌的成就。他认为，自己身上的光环只是别人给他戴上的，而实际上，成功的背后总有一些亟待解决的隐患，因此，他必须再加把劲儿，才能把企业做到尽善尽美。

马云曾这样说：那时的我对生活有想法、有梦想、有目标，每天都会为下个月能否涨工资而努力，为了早日买房子而努力，我觉得有想法的日子才是最快乐的日子。今天我再说自己去买车子买房子就没有了当初的快乐，感觉不同。失败的原因都是由欲望、贪欲引起，大家应该多花时间看别人如何失败，学习别人的失败经验，失败的经历是宝贵的，而成功的经历是瞎扯的。

香港著名企业家李嘉诚一次接受记者采访时，被问到"在近半个多世纪的商场征战，为什么很少失败，以致于将事业扩张到各大洲55个国家，创造了从不翻船的奇迹"的问题。

很多人认为李嘉诚一定会说自己如何研究营销、管理、金融等方面的规律，如何经营管理企业、做好用人等工作，然而他的回答出乎很多人的意料："我往往花90%的时间考虑失败"，这便是这个享誉世界的知名企业家的成功秘诀。细细思量李嘉诚的回答，确实能够感受到他的睿智和成熟。

花更多的时间考虑失败，是未雨绸缪、防患未然的处事态度；是理性的思维方式。不打无准备之战，凡事什么事都要做最坏的打算，向最好的方面努力，尽管道理很简单，但是能够真正运用到实践的人很少很少。绝大多数人做决策的时候，往往满脑子都在想怎么成功，很不愿意想怎么样会导致失败。

李嘉诚的成功恰恰证明，只有把失败的因素考虑的越充分，获得成功的把握才会越大。由此我们不难联想到，一招失误全盘皆输的警示语，以及"一个马掌输掉一场战争"的故事，这些又从另一个角度说明不考虑失败的因素，必然承受失败的恶果。

花更多的时间考虑失败，也是控制欲望，居安思危的做事原则。人欲望最强烈时，往往是头脑发热、思维简单，理智不清的状态，俗语称"一根筋"，这样做出的决策多数是不科学的，极容易犯"急躁冒进"的错误。所以，当你的欲望愈加强烈之时，越应该静下心来，多思多谋，多多考虑一旦付诸行动之后可能产生什么样不良影响和严重后果。

凡事预则立，不预则废。我们每一个人在做人做事之时，应该让自己的大脑时常冷静下来，多考虑即将行动可能出现的失败，也要有勇气反省过去遭受的失败，梳理失败的原因，汲取经验教训，只有这样不断的思考失败，我们的能力和水平才会不断提升。

所以在一定意义上讲，一个人的能力和水平不仅表现在事后处理问题的能力，更表现在对事情未来发展的预测与把握上。

孟子曾经说过：生于忧患，死于安乐。被成功迷住了心志的人，往往感受不到来自外界的压力，就像在温水中被慢慢煮熟的青蛙，等到发现危险，再想跳出时却已是无能为力，最终只落得个悲惨的下场。

战国时期的吴王夫差不也正是如此？若不是他沉溺于成功，吴国又怎会被弱小的越国所灭掉呢？可见，一个人要想取得成功，就必须具有忧患意识，而一个人要想守住来之不易的成功，就更加需要忧患意识。或许明天你就会面临困难和波折，倘若没有忧患意识，到时候只能手足无措，眼睁睁地看着成功被他人夺取。

马云的成功离不开他的忧患意识，他一刻也不敢放松对现实的警惕。在表面张扬的背后，是冷静、谨慎且自省，两者形成了鲜明的对比。作为阿里巴巴的掌门人，在很多时候马云都能表现出他的理智："当你觉得你成功的时候，就是你走向失败的开始。"这句话让人印象深刻。

阿里巴巴由于马云于1999年创立，这是一个完全依赖于互联网发展的企业，在其看似辉煌实则艰难的发展过程当中，马云经历了太多的起起落落。然而正是这些，让马云拥有了比一般人更高的灵敏度，他的企业也才能在竞争激烈的市场中存活并壮大。

2000年，互联网突然发生转向，对此马云这样说道："当时大家还没有明白到底是怎么回事，就已经进入了冬天，而且这个冬天特别漫长。"之后，马云做出了一个历史性的决定——上市，就在人们都沉浸在阿里巴巴成功上市的兴奋中时，马云说出了上市的真正理由："为了过冬，为了生存。"在阿里巴巴并购雅虎中国时，马云就已意识到危机，他说："我们现在已经成为全中国所有网络公司的竞争对手了，我也预感到未来两三年内会发生很多难以预料的事情，虽然最艰难的日子已经度过，但是以后的日子还会有困难。"

马云曾说过:"所有的创业者都必须警告自己:从创业的第一天起,每天都要面对的就是无穷无尽的失败和痛苦,而不是成就和辉煌。还得让自己明白,最困难的时刻还没有来到,它总有一天会出现,这是不能躲避的,更不能让别人替你扛,必须自己去面对。"

正是因为这种从别人的失败中学习经验的忧患意识,才成就了马云辉煌的人生,最终使他"守得云开见月明"。

创业如此,做人当然也是如些。这会在不断地前进和发展,一个人如果不想被时代的浪潮所淹没,要争得自己的一片新天地,就必须时刻让自己保持清醒、冷静和理智,同时还要敢于否定自己和超越自己。

人生忠告 现在的社会是一个竞争激烈的社会,能够在残酷的竞争中脱颖而出,占得一席之地的人固然是英雄。然而,那些能够在成功中居安思危的人更是英雄中的英雄。这种超越,是无畏的勇气和不屈的毅力;这种超越,是仁者的智慧和强者的胆略;这种超越,是一种"永远向前看"的王者风范。如果你只沉溺于现在的辉煌中,那么成功也将会是昙花一现,更为卓越的人生你将永远无法接触。

3. 一定要坚持自己的梦想

今天，是一个创业的时代，是一个呼唤创业精神的时代。每个创业者都有实现梦想的冲动，这便是走向创业之路的初始力量。然而创业是艰苦的，是人生的历练，创业需要有一种创业精神。创业精神是一种境界，决定着人们的人生态度，有了这种精神，才能激励人们奋发图强，获得财富与进步。

马云是一个有创业梦想的人，是一个为了实现创业梦想而不懈奋斗的追梦者。回首自己的创业历程，马云告诫创业者，首先一定要坚持自己的梦想。"初恋总是美好的，但是人们往往会遗忘初恋。"

创业过程中一定要时刻铭记当初创业的初衷，要想想自己当初创业时为什么要做，创业要做什么，只有时刻反思，才能坚定自己的选择，坚持自己的理想，为了实现创业梦想，为了明天的成功而战斗。他是这样说的，也是这样做的。

关于创业，马云常说的一句话是，不要问"我能做什么"，而要问"我该做什么，我想做什么"。

马云在回顾阿里巴巴的创业历程时，总结了企业创新发展的经验，其中有一条就是：坚持自己的理想。

马云认为，任何创业者一定要坚信自己在做什么，一定要坚信自己是正确的，这样才会有成功的可能。在创业的过程中，尤其是前四五年以内,任何一家创业公司都会面临很多的抉择和机会,在每个抉择和机会过程中,你是不是还是像第一天,像自己初恋那样记住自己的第一次的梦想,至关重要。在原则面前你能不能坚持原则,在诱惑面前能不能坚持原则,在压力面前能不能坚持原则。最后明确想干什么,该干什么以后,再给自己说,我能干多久,我想干多久,这件事情该干多久就做多久。

马云一开始就梦想做一家中国人创办的全世界最好的公司。梦想做一个世界前十名的网站。

然而在马云创业之初,除了梦想,几乎一无所有。他没有钱,没有家庭背景,没有社会关系,没有名牌大学的出身,没有海外留学的经历,没有MBA学位,没有计算机知识。梦想创业,是马云的创业的缘起,但不能仅仅止于梦想,要给梦想一个实践的机会,要为实现梦想而战斗不息。

"1995年,我发现互联网有一天它会改变人类,可以影响人类的方方面面,它到底该怎么样影响人类?这些问题我在95年没有想象清楚,但是隐隐约约感觉到这是将来我想干的。我请了24个朋友到我家里,大家坐在一起,我说我准备从大学里辞职,要做一个互联网,我花了将近两个小时来说服24个人,两个小时以后,大家投票表决,23个人反对,一个人支持。但是我经过一个晚上思考,第二天早上我决定我还是辞职去实现我自己的梦想。"

这就是马云创业的最初梦想,尽管它还没有成型,尽管它还非常稚嫩,不是一幅完善的蓝图,但直觉告诉马云,这就是他将来要干的事情,这将是他一辈子要从事的事业。

做出创业的决断是一件很艰难的事情,但是,马云认准了这就是自己的创业梦想,于是,说干就干,第二天就做出了辞职去创业的决定,成为一名为了实现创业梦想的果敢的追梦者。

马云第一次听说互联网是在1994年。他所执教的杭州电子学院有一个叫比尔的外教,是美国西雅图人。这一年,比尔回了一趟美国,从美国回到杭州后,比尔和马云大谈互联网,马云听得热血沸腾,甚至比说者比尔还激动。

这是马云第一次听说互联网,但他当时还没有触过网。

互联网可以说是人类有史以来最伟大的发明之一。美国第一个触网的人已不可考。没有证据表明马云是中国第一个触网的人,但他的确是第一个触网而动的中国人。

1995年,马云的海博翻译社介入了一场涉外合同纠纷。一个叫菲力普·卡文纳的美国商人签约投资浙江一段高速公路,合同到期,美国商人拒付合同金。于是,这一年4月,中方聘请号称"杭州英语第一人"的马云为翻译兼顾问,到美国去参加美方董事会并调解纠纷,马云也因此第一次到了美国。

马云是带着数百万民工和浙江省交通厅的重托只身飞往美国的。但一到洛杉矶就被菲力普·卡文纳软禁在一座别墅里,这个美国商人原来是个骗子。

凭着天生的伶牙俐齿,马云终于让菲力普·卡文纳相信他是有诚意与其合作的。在拉斯维加斯赌场,马云用25美分在老虎机上赢了600美元。那个加州的骗子告诉他:到了售票处说你是马云,他们就会把我们为你买好的机票给你。马云到了售票处才知道,根本没有什么"马云的票"。于是马云自己买票到了西雅图。

在西雅图,马云找到了一位美国朋友,这位朋友就是比尔的女婿。

1995年的美国,互联网方兴未艾。美国朋友见到马云很亲热,寒暄过后就迫不及待地把马云带到一家名为ISP的小公司,公司两间小屋里坐着

第一章 人要为了梦想而生存

5个面对电脑屏幕不停敲击键盘的年轻人,朋友把马云带到计算机旁说:"Jack(马云的英文名字),这就是Internet,你可以在上面搜索任何东西。"马云站在电脑前发愣,说:"这东西我不敢动,弄坏了很贵的。"

朋友说:"Jack,没事,它不是炸弹,不会爆炸的,你试试看。"听朋友这么说,马云放心了。于是坐在电脑前在雅虎搜索栏里敲了一个词:"Beer"(啤酒),很快就蹦出了一大堆:美国啤酒、日本啤酒、德国啤酒……就是没有中国啤酒。马云很好奇,又在键盘上敲了一个"China",搜索的结果是"no data"(没有数据)。

在神奇的互联网上居然没有中国,这事让马云既沮丧又惊奇。于是他对朋友说,能不能把杭州的海博翻译社放在网上试试?朋友帮助马云做了一个海博翻译社的网页,挂在网上。网页做得又简单又丑陋,只有文字没有图片。文字说明部分也只有海博翻译社的翻译人数和价格。

上午9点半挂在网上之后,马云就去逛街了。12点,朋友打来电话说,马云你快来看,有5封给你的E-mail。马云回去一看,真有5封E-mail,有来自美国的、日本的,也有来自欧洲的;有机构、公司,也有当地留学生。信上说,这是我们发现的第一家中国公司的网站,你们在哪里?我们想和你们谈生意。

马云兴奋不已。直觉告诉他,这玩意儿有戏!

这是互联网历史上第一个中国企业的网上广告。这个广告改变了中国互联网的历史,也改变了马云的一生。纵观马云十年脉络,后来的中国黄页,再后来的阿里巴巴,B2B的电子商务,C2C(个人与个人之间)的淘宝,都和这个广告有关。

在过去的几年里,阿里巴巴的模式是不被业界看好的。例如网易CEO丁磊、搜狐CEO张朝阳等人之前一直不看好B2B模式,但马云不在乎别人怎么说，他只相信自己的感觉。在马云心里，别人越看好，他越不做，别人越不看好的，他倒要出其不意地试试看。

阿里巴巴的投资者中有一些人曾质疑过阿里巴巴模式，为此马云在说服他们的同时，做出了一些很好的成绩，使这些投资者都心悦诚服。

自1999年创业，阿里巴巴以"让天下没有难做的生意"的强烈使命感和服务第一、客户第一的价值观，实现了惊人的跨越，从18人发展到如今的7 000多人，成为了由五家企业组成的集团，产品市场占有率超过80%。马云认为，这是坚持自己理想的结果。

马云在创业成功之后曾经说："我们还是坚信一点，这世界上只要有梦想，只要不断努力，只要不断学习，不管你长得如何，不管是这样，还是那样，男人的长相往往和他的才华成反比。今天很残酷，明天更残酷，后天很美好，但绝大部分人是死在明天晚上，所以每个人不要放弃今天。"

一个创业者，除了有梦想、有决心、有毅力之外，还得有智慧。马云是中国第三代企业家，更是智慧创业的典型。他的智慧表现为洞察网络潮流的眼光、捕捉商业机会的感觉敏锐，以及战略决策的智慧、聚人用人的智慧卓尔不群。

马云说："因为我知道我看见了这个东西，我太想做一样东西。很多年轻人是晚上想想千条路，早上起来走原路。中国人的创业，关键不是看你是不是有出色的想法、理想、梦想，而是看你是不是愿意为此付出一切代价，全力以赴地去做它，证明它是对的。"

但愿中国有更多的马云式的追梦者出现，这样，创业路上将不再孤独。

人生忠告 决定人生成功的决定因素是热爱与努力，拥有了热情与不懈的努力，你就可以一步步成长，接近成功。明白自己内心热爱什么，然后勇敢去努力，不要轻易因为他人的一句否定而放弃自己的梦想。成功属于以足够的热爱与热情不懈坚持努力者。

4. 最大的财富，就是你的诚信

中国人最看重诚信，诚信是做人的首要原则。所谓人无信不立，事无信不成，国无信不威，诚实守信是中华民族几千年传统文化的精神主流，是备受人们推崇的美德。如今诚信更是为人处世的关键，作为一个创业者，要想在滚滚商海中立足，有无诚信是能否生存发展的根本，也是最大的财富。

在马云的创业路上，曾经得到了很多大人物的支持，但是这些大人物和马云并没有特别的关系，可以说是素昧平生。能够做到这些，马云靠的是一个"诚"字。

早在马云读书的时候，因为各方面比较优秀，所以被破格分配到大学教书，到杭州电子工业学院担任英语及国际贸易讲师。他是当年他的母校杭州师范学院 500 名本科毕业生中唯一被分配到高校任教的。

毕业分配那天，马云母校的校长找他谈话，他对马云说了一句语重心长的话："马云啊，我希望你 5 年之内不要有什么想法，不要离开你的岗位，老老实实做你的老师！"

校长的心情我们能够理解，他是马云的老师，自然了解自己的学生，知道浅水困不住蛟龙。但是作为一校之长，他要为更多的学生考虑，希望自己的学生都能够分配到理想的学校，如果这第一个分配到大学的学生就不能够坚持到底，以后谁还敢要杭州师院的学生呢？马云理解校长的一片苦心，他给了校长一个承诺：5年之内不离开讲台。

马云刚参加工作月薪是89元，当时到南方做翻译月薪是1000元。为了这个承诺，马云没有离开；三年后，马云工资涨到120元，而中国已经更加开放了，随便找个地方，翻译的月薪不会低于3600元，但是马云还是没有离开。

到马云向校长递交辞呈为止，马云一共做了6年老师，兑现了自己的承诺。这也是马云的为人之道，处世之道：永远信守诺言，永远以诚信为本。

走上了创业的道路，马云更是将"诚信"放在第一位。当时马云的"中国黄页"是这样运作的：先将客户的资料用快件寄到美国，让美国的同事做成网页挂到网上。但当时国内还没办法上网，所以这样的运作模式就有点"空手套白狼"的味道，所以做起来难度很大。

有一次，为了作成一家企业的生意，马云跑了好几趟，一次一次向这家公司的老总讲解有关电子商务的知识。但是这家企业的老总就是怀疑这是个"骗鬼的东西"，始终没有松口。但是马云没有放弃，最后一次临走的时候，他要了一份这家企业的资料。

几天之后，马云带着笔记本电脑回来了，这位老板亲眼看到电脑屏幕上显示自己企业的主页时，才终于相信了马云。

马云讲诚信，诚信也帮助了马云。应当说，当时做中国黄页，是最为难以销售的：眼见不到，仅凭你一说话，别人就乖乖地把钱交给你，的确难以做到。但是马云做到了，靠的是一个"诚"字。

在中国这样一个"人情味"极其浓厚的国度里，做生意是很讲"感觉"的，这种感觉就是一个人的人格、信誉，就是一个诚信。对于创业者来说，这就是最珍贵的资本。

马云多年积累的信誉，在创业初期发挥了极大的作用。在朋友们的帮助下，马云先后做成了杭州第二电子机场、钱江律师事务所、杭州望湖宾馆等第一批客户。

实际上，马云所做的不仅是一项业务，更是一个做人的过程。正是因为朋友相信他的人格，才敢买他的产品，才会相信他所说的那个叫做"因特耐特"的"东西"。无论是朋友，还是朋友的朋友，马云都敢拍着胸脯说："我马云以人格担保，要是在美国看不到的话随便你怎么骂我都没话说……"这话说起来简单，做起来还真不容易。但要是真做到，那就是无价的。

在《赢在中国》的现场，马云曾经说过这样一段话："1995、1996年，我们做中国黄页的时候，我也发不出工资了，离发工资的时间只有3天，我账号上只剩两千多块钱，而工资要发8千多块钱，那时候很残酷。我们的员工说没关系，我们两个月不拿工资也跟你干下去。但人家说两个月不拿工资可以，你得出去借，用你的诚信。因此，我觉得一个CEO，一个创业者最重要的，也是最大的财富，就是你的诚信。如果我今天问熊晓鸽或者吴鹰借1千万，他们如果有钱也会借给我，这是基于我们平时之间的了解、信用。如果他不认识的人，即便就是借1万他也觉得不行。所以，一个创业者一定要有一批朋友，这批朋友是你这么多年来诚信积累起来的，越积越大，像我账号的财富，这就是每天积累下来的诚信。"这就是诚信马云的心里话。

在坚守诚信这件事上，李嘉诚同样也很当真，每当跟别人谈到做生意的秘诀，他就会谈起一个"信"字。在李嘉诚的眼里，商人最重要的素质是"信"。诚信相合，即为"义"。

李嘉诚将这种精神和气度放到生意上，也放到对孩子们的教育上。他在对儿子们进行教育时，总是反复强调，"要令别人对你信任，不只是商人，一个国家亦是无信不立，信誉诚实也是生命，有时候甚至比自己的生命还重要。"

李嘉诚说："在孩子们小的时候，我百分之九十九的时候是教孩子做人的道理，现在有时会跟孩子们谈论生意，约三分之一谈生意，三分之二教他们做人的道理。因为世情才是大学问。世界上每一个人都精明，要令人家信服并喜欢和你交往，那才最重要。"

李嘉诚也一直利用各种机会磨炼李泽钜、李泽楷两兄弟。李嘉诚曾戏说自己不是"做生意的料"，因为他觉得自己不会骗人，不符合中国人所说的无商不奸的标准，但其实正是因为他有信而无奸，所以才做出了全亚洲独一无二的大生意。

温总理 2008 年 3 月在两会的记者见面会上，曾说过这样一番话："如果我们国家有比黄金还要贵重的诚信，有比大海还要宽广的包容，有比爱自己还要宽宏的博爱，有比高山还要崇高的道德，那么我们这个国家就是一个具有精神文明和道德力量的国家。"温总理的话高度肯定了诚信对一个国家、一个民族的生存和发展的重要性。而"诚信"也被党中央写进"八荣八耻"中，"以诚实守信为荣，以见利忘义为耻"，这一条，值得我们谨记。

随着经济全球化，特别是我国加入 WTO 后，如何通过企业文化建设、企业理念的营造来增强企业的诚信意识，是值得我们思考和关注的问题。如今，市场经济就是诚信经济，它是建立在诚信基础上的商品经济。诚信是职业操守，也是一种良知，是个人立身社会的名片，是企业发展的基础，是社会健康持续发展的助推器。

历史已经证明：一个没有高度内外一致、以诚信为核心的价值观体系、期望和行为的企业，最终将失去竞争力并被逐出舞台。诚信至上，因为诚信是企业的立身之本，也是构成企业核心竞争力的一个重要方面。

诚信是握在消费者手中的一把尺子。一个企业，某一种产品出了问题，还可以推倒重来，而信誉没了，就很难东山再起。

在市场经济社会里，企业的信用不仅是一种品牌，也是一种自身资源。

美国可口可乐公司的总裁彭伯顿曾经放言："即使可口可乐公司的有形资产化成废墟，但凭借可口可乐的品牌和诚信，就可以马上东山再起。"他说的也是这个道理。

因此，从根本上说，无论是商业信用、银行信用，还是个人信用、企业信用、政府信用等，其产生与发展无一不是源于人们对经济交往和社会交往中互利的需要，换句话说，选择诚信、建立诚信、巩固诚信、完善诚信，是人类社会在交往中趋利避害的必然选择。企业在生产经营中讲诚信，能促进经济资源的优化配置和合理充分的利用，提高商业运作和经营管理的效率，降低交易成本或交往成本，最终推动企业利润最大化和效用最大化的实现。

有些创业者开始经商时，常常有着这样的看法，即认为一个人的信用是建立在金钱基础上的，一个有钱的人、有雄厚资本的人，就有信用。其实这种想法是很荒谬的。与百万财富比起来，高尚的品格、精明的才干、吃苦耐劳的精神要高贵得多。

古今中外的知名企业家，无不强调信誉第一，忠诚为上，把"信"作为立身之本。只要答应过的事情，就要"言必信，行必果"。罗赛尔·赛奇说："坚守信用是成功者的最大关键。"一个人要想赢得合作者的信任，一个企业要获得成功，离不开顾客的信任和支持，因此，一个企业应该

"一诺千金",把"信"作为立身之本。

　　台湾声宝董事长陈茂榜的经历就很好地证明了这一点。他的创业成功,凭的不是充足的金钱,而是靠两个字——"诚"与"信"。在他24岁时,他以100元本金开了家电器行,由于资金不足,他只好以50元为一单位,分别给两家电器中盘商做保证金,然后向他们提货来卖。由于陈茂榜做人诚实,做生意时特别讲究信誉,因此,这两家中盘商都很信任陈茂榜。50元保证金不过是一种形式,陈茂榜从他们那里提的货物的货款多达500元,即保证金的10倍。由此可见,"诚"与"信"有时比之金钱更有价值。

　　因此,创业的第一要诀就是诚信,只有真诚待人,才能做成大生意;弄虚作假,只能是一锤子买卖,终究是要弄巧成拙,注定是要失败的。

　　诚信至上,信誉至上,在激烈的竞争中,诚信的重要性越来越受重视。而我们身边也不断出现一些反面人物:从牟其中到唐氏兄弟,从杨斌到顾雏军,他们共同的问题是——缺乏诚信。他们都因为以不同的方式欺骗了市场,而逐渐被市场抛弃。这也显示了市场的公平性,正所谓诚信如金,不怕火炼。没有诚信,夫妻反目;没有诚信,朋友交恶;没有诚信,企业想要做强、做大也是镜花水月。

　　做生意图的就是能赚钱,但如果没有信誉,不讲诚意,做生意都来个一锤子买卖,这种生意肯定是做不长的,因为谁都不会再上第二次当。如果你诚实经营,讲究信誉,卖的东西又货真价实,笑脸相迎,让顾客高兴而来,满意而去,你的生意自然就会兴旺发达。

　　诚信是生命,做生意如此,做人更是如此。诚信二字对任何人来说都非常重要,为人真诚、诚实待客、言而有信,是一个人立足社会、成就事业的前提。反之,为人虚伪、欺骗别人、言而无信,即使能骗得了一个人、骗得了一时，但终究骗不了所有人、骗不了一世，最后必将被人唾弃，一事无成。

诚信是无价的，是珍贵的，是无形资产。"诚信为本、操守为重"应成为一个企业创业之初走向市场时刻不能忘记的原则。在当今信息时代下，所有事实都被摊在阳光下接受检验，消费者的地位与作用更加突出。在以前，如果企业的服务让一个客户不满意，他只告诉周围的朋友，而现在通过因特网，他可以告诉全世界的人们。因此，企业失去诚信，便意味着它失去了创业的根本，即使远走天涯，也再无安身立命之地。

人生忠告 对于一个创业者来说，从创业的一开始甚至在没有开始之前就已经开始创造自己的"形象"了，这个形象就是"诚信"二字。中国有句古话叫做：人无信不立。创业，不像读书赶考，我们必须一步一个脚印地走。在行走的过程中，也许会遇到许多磕磕碰碰，但是永远不能因为急功近利而牺牲自己的信誉，否则，我们失去的将是一生的机遇。

5. 绝大部分人死在明天晚上，我们必须努力面对今天

马云在一次演讲中说："我们犯的错误非常之多，所以想跟所有创业者和准备创业者讲的，还是我每天跟自己讲的话，今天很残酷，明天更残酷，但后天很美好，绝大部分人死在明天晚上，所以我们必须每天努力面对今天。"

马云在美国洛杉矶遇险，有点像阿里巴巴遭遇四十大盗。美国骗子商人没能要了他的命，却让他无意中发现了藏宝的山洞。于是一个新版的阿里巴巴的故事从此开了头。

1995年，在美国触网的中国人很多，在中国触网的也大有人在，例如某研究所专家；但一经触网就立刻看到了未来的网络世界、看到了网络改变世界的巨大能量、看到了网络背后隐藏的无限商机的人，却寥寥无几；且看到未来、看到商机便立即付之行动者，则只有马云一人。否则，中国第一个商业网站就不会叫中国黄页，中国的互联网之父就轮不上马云了。

马云触网的结果是诞生了中国第一家互联网商业网站——中国黄页，并在5年之后，诞生了世界最大的B2B网站——阿里巴巴。从此，互联网江湖上多了一个长相奇特的西湖怪人，多了一个自称"风清扬"的网络高手，多了一个永不放弃、不断语出惊人的企业家。

人们都说，机会属于有准备的人。其实，机会还属于有智慧、有胆魄、有梦想、有决断的人，属于敢于孤注一掷、敢于破釜沉舟、敢于赌、

敢于拼的人。

今天那些面对马云和他的团队耀眼的辉煌而惊诧不解的人，不妨回想一下10年前人们是如何面对那起于青萍之末的网络风的？所有的成功都有原因，所有的浩荡都是有源头的。

两个星期后，马云从美国回到杭州。下飞机的当晚，他就迫不及待地把24个朋友邀到家里，面对一屋子人，马云掏出笔记本电脑，开始激情演说。

出乎所有朋友的意料，这次马云从一开始就大侃互联网，侃互联网企业，侃如何通过互联网把中国企业介绍给全世界。他梦想做一家中国人创办的全世界最好的公司，梦想做一个世界前十名的网站。云山雾罩侃了两小时，最后，马云坚定地说："我现在就准备辞职做这个企业了，这个企业叫做Internet。"马云侃了半天，屋子里的朋友都没听懂。

马云事后回忆说："那时候，根本没人懂网络。想想看，我一个不懂电脑的人，把24个朋友叫到家里说，明天我就要开始做一家网络公司，结果会如何？"尽管马云的动员充满激情并极具煽惑力，尽管马云的宏图大业前景远大，但结果是24人中23人反对，只有一人表示愿意试试。这个人就是何一冰，是马云的大学同学，学自动化的，搞过芯片，会编程。

一周以后，也就是1995年的4月，马云自己拿出了6000元，又从亲友那借了几万，再加上海博翻译社办公家具的折价和另外两个股东的钱，一共凑出了10万元。马云、张英（马云夫人，也是杭电的英语教师，后来长期担任阿里巴巴公司部门经理）、何一冰（后来马云离开中国黄页时，何一冰并未跟随赴京发展，而是仍然留在了中国黄页）3人一起创办了浙江海博网络技术有限公司，公司的实体就是中国第一家商业网站——中国黄页。

从这一天开始，马云每天出门就对人讲互联网的神奇，请他们同意付钱并把企业的资料放到网上去。人们不相信他，"互联网是什么东西呀？"马云只好"兔子先吃窝边草"，动用自己还算优秀的个人资信，去说服朋友们把公司资料免费放到网上。

不出所料，杭州望湖宾馆、杭州电视机二厂，还有一个律师事务所，都收到了国外电话和传真。马云高兴极了，"还真的有戏！"但接下来事情的发展却很残酷，因为没有人愿意付钱，因为这些企业根本看不到网页，更不知道载有自己企业资料的网页究竟存不存在，怎么可能仅凭几个越洋电话就付钱给马云？

在那段时间里，马云过的是一种被人视为骗子的生活。

直到1995年7月，上海开通互联网专线。为了证明自己没欺骗客户，马云决定在杭州上网给客户看。他找来一台486电脑，然后从杭州拨长途电话到上海连接互联网，再通过互联网把望湖宾馆的照片和资料从美国传过来。结果花了三个半小时，望湖宾馆的照片终于一点一点出来了！焦躁得如热锅上的蚂蚁一样的马云终于欣喜若狂，挺直了腰杆。

从此马云开始有了收入。他们在全国27个城市一个一个地开拓业务，在所有没有互联网的城市，他们都被视为骗子。但马云仍然像疯子一样不屈不挠，他天天都先这样提醒自己："互联网是影响人类未来生活30年的3 000米长跑，你必须跑得像兔子一样快，又要像乌龟一样耐跑。"然后出门跟人侃互联网，说服客户，说服记者。业务就这样艰难地开展了起来。

这一年，公司还是有点亏损。虽然中国黄页成功地把一些中国企业的主页发布在互联网上，虽然不少被送到网上的企业收到了反馈，甚至也有企业从网上得到了订单，但总体效果还不理想。其中一个重要原因是访问中国黄页的人太少了。马云感到杭州已经制约了中国黄页的发展并渐渐萌生了将公司总部迁往北京的念头。

1995年12月，马云开始只身赴京。政府没表态的事，媒体当然不敢轻举妄动。马云最后还是通过一个报社的司机找到了一位报社的老总，当时在《中国贸易报》任副总编辑孙燕君。据孙燕君先生回忆，他把《中国贸易报》记者江勇写的5 000字长文《走近马云》发表在《中国贸易报》上，这是北京媒体第一次报道马云和中国黄页。

这时，马云认识了在中央电视台"东方时空"栏目工作的杭州老乡樊馨蔓。樊馨蔓非常仗义，虽然她听不懂马云的网络模式，但却被他的热情打动了。她拍了一部名为《书生马云》的专题片，真实记录了马云在京的凄凉遭遇。如今这部专题片弥足珍贵，片中可以看到当年马云在北京现场推销的画面，看到他到处碰壁到处吃闭门羹的画面。

"在片子里，他就像一个坏人，虽然滔滔不绝，但表情总有一点鬼鬼祟祟。他对人讲他要干什么，要干中国最大的国际信息库，但再看听者的表情就知道，人家根本不知道他说的是什么。"樊馨蔓如此评说。

这部片子是互联网早期在中国遭遇的真实写照。从中可以看出，马云当时是多么超前。

马云在北京的上门推销，在各大部委和各大媒体中的高层公关，都以失败而告终。马云不但没有签下一个合同，没有搞到一条信息，甚至没有拿到一份订单。

据孙燕君先生回忆：我帮马云在长安俱乐部的雷吉尔餐厅搞了个新闻发布会，请来30多位报界老总，也请来了几位有投资能力的地产商。因为我知道马云急缺资金。

马云和他的技术人员为了准备这个新闻发布会，苦干了两天两夜。但要开会了，又听说上面发下文件不让宣传互联网，弄得马云整个一个没脾气。

新闻发布会开始后，黄页的工程师们摆上电脑，当场演示从电话线上下载的中国黄页的页面，马云激情演讲了一小时，从网络应用到网络前景，但莅会的老总和记者们似乎只听懂了三分。会后会餐时，我为马云找来了两个大款，目的是想帮急缺资金的马云融点资。马云又为老板们演示讲演了一小时，讲完，两位实力雄厚的企业家反问："这样的东西国家会让民营企业来搞吗？"我和马云无言以对。

既然网络技术国家都没有放开，何谈网络内容？还是那句话，马云太超前了，他在当时的许多想法根本无法实现，只能沦为空想。中国黄页生不逢时。

然而马云决不是轻言放弃的人，他是一位果敢的追梦者。阿里巴巴创办初期还很小，当时马云就梦想："很多人都懂得怎么赚钱，世界上会赚钱的人很多，但世界上能够影响别人，完善社会的人并不多，如果做一个伟大的公司，你就得做这些事。这个使命不是盈利、上市，而是改变世界，尤其是中国商业世界的规则。"

谈到这个梦想，马云说："我们常被别人当成疯子，在中国一个小城市想打进世界一流。但我们还是说，在5年内，阿里巴巴要成为世界十强。"

这个梦想对于几乎一无所有的马云来说，实在太伟大、太离谱、太疯狂。于是马云很快就得到了一个"疯子"的绰号。

试想企图改变世界、改变中国商业规则的中国企业家能找出几个？但马云就敢这样想，还敢这样到处说。于是马云很快就得到了一个"狂人"的绰号。

马云坚信互联网会影响中国、改变中国，坚信中国可以发展电子商务，更相信电子商务要发展，必须先让客户富起来，如果客户不富起来，阿里巴巴就是一个虚幻的东西，所以马云希望阿里巴巴为中国的网商，为中小企业创造非常多的百万富翁、千万富翁。

当阿里巴巴渐成气候时，马云又梦想："我的四大天王，每人至少能管理 1 000 亿人民币以上的公司；八大金刚，管理 500 亿；十八罗汉管理 300 亿；四十太保，至少 10 个亿。别人说阿里巴巴是黄埔军校，我们就是要做这个事，但不要刻意做这个事。结果是我们为中国互联网产业，新经济产业培养和造就了大量优秀人才。

10 年之后，我的考核指标是：世界 500 强中的中国企业的 CEO 有多少是从阿里巴巴出来的。这帮人培养出来以后，对中国经济的影响就大了。那时就会形成吸收了美国全球化战略和日本严谨管理风格，又融合了中国太极的中国流派和中国方阵，那时中国军团在全世界的声音就不会是现在这么点儿！"

在中国，马云无疑是梦想创业最好的标本。他以前的许多不可思议的梦已经变成现实，而后来的一些更为离奇的梦也正在逐渐变成现实。

人生忠告 在我们的生活中，每个人都会经历无数次地失败，但在失败之后，你是否选择了坚持？真正的人生总是在失败与逆境中度过的，在面对这些失败时，如果你选择坚持向前冲，那么你就一定会成为最后的胜利者，你的人生也会因此而辉煌。一次的失败并不意味着永远的失败，曾经达不到的目标也并不意味着永远达不到，每个人都有成功的机会，只要你在失败后多坚持一次，再奋力一搏，也许成功就会向你迎来，失败就会向你低头。

6. 不要为钱工作

《老子》第七章中这样说:"是以圣人后其身而身先,外其身而身存,非以其无私邪?故能成其私。"

意思是:天地长久地存在着。天地之所以能长久存在,是因为它们不是为自己而生存,所以能够长久生存。因此,有道的圣人遇事谦退无争,反而能在众人之中领先;不将自己的贪念带入局中,将自己的私心置之度外,反而能保全自身。这不正是因为他无私吗?所以这样反而能成就他的自身。

在现代社会,我们当然不必标榜自己,要求做成圣人,但这种舒张胸怀的态度还是值得学习的。有时候拘泥于一得一失,看起来像是很务实很真实地活着,实际上却让自己的生活失去了弹性。失去了弹性的生活怎么能持续很久?

在马云眼里,做企业有生意人、商人和企业家之分:生意人是完全的利益驱动者,为了钱他可以什么都做;商人重利轻别离,但有所为,有所不为;而企业家则是具有商业精神并要完成某种社会价值的。

他认为:如果一个人脑子里想的只是钱,就永远不会成功,就永远不能成为企业家。只有当一个人想着去帮助别人,去为社会创造财富,为国家发展作贡献的时候,才能真正成功。阿里巴巴和其他公司的不同之处在于要考核员工的使命感和价值观。今后,还要再加一项指标——社会公益。

2010年9月5日晚，阿里巴巴集团董事局主席兼首席执行官（CEO）马云向阿里巴巴全体员工发出了题为《为理想而生存》的内部邮件。在邮件中他强调，促进新商业文明、坚持理想和使命一定要付出巨大代价，但阿里巴巴从来不会因为利益而改变自己，他呼吁全体阿里人走坚持原则、坚持理想、坚持使命的发展之路。

美国布隆伯格公司2002年公布的一项报告显示：当年个人资产已经达到305亿美元的巴菲特仍在拿着低廉的工资——33万/年，相当于一名硅谷的软件工程师。而巴菲特在提薪之前他的工资长时间保持在10万/年的水平上。

在大家惊呼巴菲特如此"廉价"的时候，巴菲特只说了一句话：不要为钱工作！

巴菲特从小就有致富的梦想。可是当被问及为什么那么想要变为富人时，年仅12岁的小巴菲特回答道："我并不是想要很多钱，我只是觉得让钱慢慢增多会是十分有趣的事情。"他在哥伦比亚商学院刚毕业的时候，甚至要求过免费到格雷厄姆-纽曼公司就职。在老师最后给他提供了工作机会时，巴菲特连工资都没有问便坐上了下一班飞机。

巴菲特这种"不问薪酬"的工作态度体现了一种经营的理念。在我们的工作中，大多数人将自己的工作看成是一种交易：我为老板打工，老板给我工资。但是在巴菲特的眼中，工作是一份事业，是应该用来经营的。这种理念一方面可以让其在工作的时候更为用心，也更开心。巴菲特自己就经常在家里熬夜分析财务报表等，但他并不觉得辛苦。另一方面，他也不会为工作所累，在他觉得事业不如意的时候他可以轻易地退出或者转行。

1969年，当华尔街和美国股民陷入对股票狂热的渴求，争抢得不可开交时，巴菲特无私地发扬风格，不参加抢购，卖出股票、解散公司，置身于股票市场之外。这让他避免了接下来的市场崩溃，幸存下来。

巴菲特是从送报生开始做起的，但是，他比别人更早了解金钱的未来价值。所以，他紧守着得之不易的每分钱。当看到店里卖的400元电视时，他看到不是眼前400元的价格，而是20年后400元的未来价值。因此，他宁愿投资，也不愿意拿来买电视。这样的想法使他不会随意花费金钱在购买不必要的物品上。

人不可能为金钱工作一辈子，而且为金钱而工作也永远不可能让你真正富有。即使你现在有着不菲的收入，但你永远不知道这样的收入明天是否还会属于你。因此，对于30岁的人来说，当你勤奋地为钱而工作的时候，工作和钱占据了你的全部头脑，你甚至都没有时间去考虑别的赚钱方法。相反，如果你致力于寻找机会让钱生钱，致力于如何让钱为你工作，那么恭喜你，你已经向富人迈出了可喜的第一步！

而我们很多人由于房贷压力等，对于薪酬的要求十分强烈。我们过分专注工资条，结果把自己绑在工资条上，不开心，不如意。我们更不敢退出或者更换工作，因为这样，我们的收支会在瞬间失去平衡。

我们不仅给自己判了有期徒刑，更延长了我们的"刑期"。我们的欲望很多，可是实现了很少。要给自己减刑，或者降低欲望，或者改变心境。还有更聪明的做法就是"经营"，经营我们的收支情况，降低对工作收入的依赖，或者热爱我们的工作，将其当成一份事业来经营。

许多青年在他们初离校园时，都会对自己的未来有极高的期望值，感觉自己一开始工作就会理所当然受到器重，就应该获得相当丰厚的薪水。他们在报酬上愿意彼此攀比，似乎工资成了他们评价一个人贵贱的准绳。

可事实并不如他们所愿，刚刚步入社会的大学生没有工作经验，没有人会给他们重要的职位的，工资当然也不会太高，为此他们满腹怨言。

可能是看到听到太多父辈和他人被老板无情解雇的事例，现在的年轻人往往会比前辈们把社会看得更冷漠、更残酷，于是也就更加实际。在他们看来，我为公司做事，公司给我一份薪水，彼此不欠，不过如此。他们理解不到薪水以外的东西。

出现这种局面的原因，是因为一些人对薪水没有很深入的了解和认识。大部分人由于目前得到的工资太微薄，而放弃了比薪水更重要的东西，真的很遗憾。不要为金钱而做事，不要为薪水而工作，因为薪水只是工作补偿方式的一种罢了，即使这是最直接的，但也是最短见的那种。只为工资而干活，没有更美好的期待，这并不是智慧的人生选择，最深受其害的不是别人，正是自己。

一个把薪水作为自己努力目标的人是不可能摆脱平庸的生命状态的，也永远不可能真正有成就感。虽然工资可以作为工作目的之一，可是你在工作中所真正收获的更多的东西，却不是放在信封中的钞票。

部分心理学家观察到，金钱在积累到一定厚度之后就不再那么让人向往了。即使你并没有达到这种境界，但假如你对自己真诚的话，不难发现金钱只不过是各种回报中的一种。

试着请教那些成功之士，他们在没有丰厚薪水回报的情况下，还会不会把自己的工作做好？大部分人会给你同样的答复："当然！我不会有丝毫动摇，我热爱自己的工作。"想要功成名就，最智慧的方式就是找到一件即使报酬不多，也愿意做下去的工作。在你真正热爱自己所做的工作时，高薪就快要得到了。

不为金钱而做事。做事当然是为了生计，可还有比生计更重要的，就是在工作过程里使自己的潜力得到发挥，展现自己的才智。真正做事会使人振奋。

人生忠告　人生的目标不能仅仅只是满足生存需求，还要有更美好的高层次追求，有更高层次的动力牵引。不要让自己麻木下去，对自己说工作不只是为谋生——要有比薪水更好的目标。生活的质量是由工作的质量决定。别管报酬厚薄，做事时全心全意、尽其所能，你会感到自己内心的安宁。

7. 有理想的人才有未来

"只要你敢于梦想,一切皆有可能。"——马云

没有理想比贫穷更可怕,因为这代表着对未来没有希望。一个人最可怕不知道自己干什么,有理想就不在乎别人骂,知道自己要什么,才最后会坚持下去。

马云在杭州长大,少年时代,他通过收听美国之音广播的方式学习英语。在考入杭州师范学院之前,马云曾两次高考失败。大学里面,马云的英语成绩相当好。1988年毕业之后,他教了6年的英语。但是,即使他在当老师的时候,马云仍然有成为一名企业家的冲动,他始终坚持有朝一日要创立自己的公司。

每个人都有自己的人生目标,每个人都有自己的人生理想。只要有了理想,你的人生就会过得很精彩,如果一个人没有理想而活在这个世上,那他将永远到不了成功的彼岸。

"他深凹的颧骨,卷曲的头发,淘气的露齿笑,一副5英尺高,100磅重的顽童样。"这是《福布斯》杂志对马云的真实描述。2000年7月10日,马云登上了《福布斯》封面,这是50年来第一位获此殊荣的中国企业家。

有理想的人灵感永远不会枯竭,有理想的人思绪不会停顿。当理想闯进马云的人生时,这个年轻人的生命刹那间拥有了非同寻常的力量。正是

理想让这位名不见经传、其貌不扬的年轻人勇往直前，无所畏惧，开创了互联网交流平台的新纪元。

马云就曾向阿里巴巴全体员工发出了题为《为理想而生存》的内部邮件。他在邮件中鼓励所有为理想拼搏的员工，永不放弃，尽管坚持理想会付出很大的代价，但只要永不言败，总会看见曙光。

我们每一个人都有着自己的理想，要实现这理想不仅仅要靠自己的努力，同时也少不了其他人的帮助，实现理想要历经太多的艰难险阻，但它绝不是渺茫而高不可攀的！"世上无难事，只要肯登攀。"

理想需要我们现在从每一点小事做起，古人曾说："千里之行，始于足下。"我们去实现理想，就是在走一条没有尽头的道路，我们不可以停留在起点，也不能不停地哀叹这条路太过漫长，不知何时能到达终点。这些感叹都是毫无用处的，我们只能永不停息地向前走。走一步，再走一步，这样你将会离你的理想越来越近。

同时，马云的世界也通过这家翻译社而慢慢地开阔起来。而他也借由这条路从一个无名小卒变成了一个侠士。从海博翻译社到"中国黄页"再到阿里巴巴，从高考落榜生到高校教师再到"互联网教父"，马云的人生，几番起落，风雨兼程。

金庸小说里面的侠客主义贯穿了马云整个创业过程。马云，从开始梦想到付出努力，成为了一个真真正正的英雄。你想成为什么，你便会成为什么。马云的理想主义让他经营的阿里巴巴变成了一种时代的行为艺术。

在一次宣讲会上，一位创业者提出了这样的疑问："面对创业中的挫折和失败，该怎么办？"面对创业者的疑问，马云给出了精彩的回答："在任何时刻，永不放弃。永远坚持自己的梦想，保持自己的激情。历经磨难才能成为一代高手。"

这是一个创业者的时代，同时这也是一个呼吁创业的时代。那份源自你心底的完成梦想的冲动，就是你实现理想的最原始的力量。理想没有高低之分，只要你肯为之奋斗，就算是再渺小的愿望，也会收获世人艳羡的眼光。

在这条追梦路上，有的人在短时间内迅速成就了自我，有的人默默付出了却没有立即得到回报。相信只要勤勤恳恳做事，成功只不过是时间问题，为梦而搏的人从来没有失败。追逐梦想的人，其实在追的时候就已经成功了，他们比那些只停留在"想"而不敢去"做"的空想者多了一圈叫作"奋斗"的光环。

马云从一无所有，从只怀揣一个梦想闯天下到现在的阿里巴巴创始人，从一个无名小子到现在的电子商业寡头，他经历了太多的苦难和坎坷，但是他却从来没有轻言放弃梦想。

"今天很残酷，明天很残酷，后天很美好，而大多数人死在了明天晚上。"马云的这句话印证了他多舛的人生，同时也让我们看见了他在坚持梦想时毫不动摇的决心，如果不能打败困境，那么不如试着享受苦难，它会成为你生命中无法磨灭的财富。

人生忠告　创业者们通常在对待一件事情上的信念较他人要强，他们处事坚持，有强烈的自信心，坚信"事在人为"，自己可以支配命运。有时候，这种信念会被认为是我行我素、固执己见，但对于一位有目标的创业者来说，这种坚定的信念能够帮助他们在创业初期面对各种困难时坚持不懈，使企业的战略得以执行，使创业梦想得以延续。

第二章

要永远保持最初的激情

马云奉行激情人生，崇尚激情创业、激情创新、激情冒险。马云是一个激情四射的创业者，是一个伟大理想的布道者，是一个辉煌梦想的鼓吹者。马云善于用激情感染团队，感染事业。在外人看来，阿里巴巴的几百名员工就像一锅沸水，就像一个疯狂的陀螺。是马云点燃了阿里巴巴团队的激情，也造就了阿里巴巴持续成功的激情神话。永远不缺少激情的马云相信，天下没有不能打败的对手，即便竞争对手是一个领域内的传奇人物、神话人物。

1. 做一个激情四射的创业者

作为一个正值青春的年轻人，我们理所当然都有激情，但我们年轻人的激情来得快去得也快，用"三分钟热度"来形容我们并不夸张。激情不是最有价值的，持续不断的激情才最宝贵的。那么什么是激情？失败了再来，这就是激情。

要想创业，首先你要有一个随时可以为之赴汤蹈火的梦想，这很重要。没有梦想，机械地行动，一味听从别人的指挥，而没有自己的见解，这样是不可能成功的。其次，你要有恒心，持之以恒是做好一切的前提。如果失去了这两个前提，再汹涌的热情也不过是转瞬即逝的烟火，或许还会被人当成茶余饭后的谈资。

前面说的两个前提不过是一种善意的提醒，我们还是说回创业的激情。没有激情的人，即便创业了也难以坚持。因为激情是我们坚持做下去的原动力，设想一下，如果让你一直做一件你不是很喜欢的事情，那么你有信心把它做大做好吗？一开始也许会积极完成，但是时间长了，难免会懈怠。激情，说白了就是你对一件事情从心底的热爱。想创业，就要爱创业，把他当成你生命中的一部分。

创业之路和唐僧西天取经的道路没有什么两样，都是荆棘丛生、困难重重、危机四伏、九死一生。想要在社会这个江湖里站稳脚跟，没有过硬的经历怎么行？而创业恰好就会成为你最好的经验。保持一颗年轻的心，一股永不退却的激情，成功还会远吗？

创业之初，马云30岁。那时的他就是一个蓄满能量的马达，就等着找到合适的契机一飞冲天。一个年轻人领导着一帮比他更年轻的青年团队在网络江湖上拼搏厮杀。马云用激情感染团队、领导团队，把他身上永不熄灭的激情传递给团队中的每一个成员，渐渐地整个团队都充满了正能量。

在外人看来，阿里巴巴的团队就像一支熊熊燃烧的火炬，更像一个旋转不停的陀螺。激情创业是马云的创业之道之一。

在马云的同行人看来，马云就是激情的化身，马云是一个疯狂的人。这种疯狂，是他对事业的追求与无限渴望。

马云对互联网，对电子商务的渴望有多么的强烈，从他创业之初毅然辞去大学教师的职务就可看出，而开始创业时所经历的一系列宣传及推广工作，让人深深感受到马云身上洋溢着的创业激情。

由于创业之初互联网不为人知，马云他们不得不承担起宣传和普及互联网的重任。没钱做广告，他们就一家一家地演示游说。为了宣传互联网，马云不放过任何机会，也不管时间和地点。

有人甚至在杭州的大排档里见到马云手舞足蹈地向身边的市民大侃互联网。提及此事，马云毫不在意地说："我有一副天生的好口才，为什么不能在大街上宣传我的公司？"马云像着魔一般宣讲互联网。逢人就讲，无处不讲。同时一家家公司，一家家企业扫过去，向他们推销互联网，推销中国黄页。马云那时的角色，就是狂热的义务宣传员和疯狂的推销员，甚至被人斥为"疯子"。

精诚所至，金石为开。一连数日不知疲倦地奔波，马云他们终于拿到了第一单生意。这一单的支票是一家民营衬衫厂付的，虽然只有万元，毕竟是中国黄页业务的第一次真正意义的突破。它第一次向公司三个创始人证明马云臆想出来的这个史无前例的商业模式"也许有戏"。

为了拿下一家杭州企业的生意，马云一连跑了五趟。但企业老总老是怀疑电子商务是骗人的东西。为了说服这位老总，马云为他收集了大量有关电子商务的资料，一遍又一遍向他讲解电子商务是一种新型商业模式，在网上做广告比在其他媒体上做有更广泛的效应。

任凭马云费尽口舌，老总还是将信将疑。面对这块难啃的骨头，马云没有放弃。走时他向老总要了一份企业的宣传材料，几天以后马云带着一台笔记本电脑又杀了回来，当企业老总看到了电脑上显示的自己企业的网页时，终于同意付款。

尽管以后的每一单依然艰难，但马云依然激情不减。当阿里巴巴初创时期，在对媒体开放后，最先关注它的是国外媒体。

创业初期曾访问过阿里巴巴的《亚洲华尔街日报》的总编这样写道："没日没夜的工作，屋子的地上有一个睡袋，谁累了就钻进去睡一会儿。"数月后《福布斯》杂志的资深记者贾斯汀·杜布勒参观了阿里巴巴创业时的房子："20个客户服务人员挤在客厅里办公，马云和财务及市场人员在其中一间卧室，25个网站维护及其他人员在另一间卧室。……像所有好的创业家一样，马云知道怎样用有限的种子资金坚持更长的时间。"其实记者们看到的只是一些片段。

阿里巴巴初创时，马云知道加班会是常态，于是要求大家住在离办公室步行5分钟就能到的地方，大家租的都是附近最便宜的民房。

马云早就有话在先："我许诺的是没有工资，没有房子，只有地铺，只有一天12个小时的苦活。"湖畔时代的作息时间是早9点到晚9点，每天12个小时，这是正常作息时间。每天都会有一个人早来一些，早走一些。加班时，每天要干16个小时甚至更多，而加班又很经常。每遇新版发布，加班是不可避免的。

湖畔时期，写程序的工程师们很辛苦，做客服的编辑们也很辛苦。做客服的每人都有一个个人邮箱，每人都有一个化名，所有给客户的邮件都是通过个人邮箱发出的。

阿里巴巴一开始就坚持与客户一对一的在线沟通，用人沟通而不是用机器。后来任阿里巴巴副总裁的彭蕾说："那时的客服都是即时的。大家做客服做到了痴迷的程度，工作到半夜一两点，客户的信没有处理完就不回去。有时客户半夜两点收到邮件，很吃惊，问我们：是不是时间有问题？我们说：没有啊，我们都在线啊，客户非常感动。"

可以看出阿里巴巴一开始就坚持客户第一，就强调服务第一。那时，全靠人性化的服务争取客户，而很多新客户都是朋友推荐来的。

湖畔时代工作艰苦，生活也艰苦。每人每月500元工资，其实还是自己给自己发工资，因为发工资的钱是大家凑的，其艰苦程度可想而知。

阿里巴巴副总裁、"十八罗汉"之一的金建杭说："条件艰苦一点没什么不好，会让机会主义者走开。"若要用一个词来描述阿里巴巴创业者的工作状态，那就是"疯狂"。那时，没人计较投入产出，没人计较个人时间，甚至没人感到苦，反而觉得那段日子很开心很幸福。

那会儿的阿里巴巴不像个公司，更像个家庭。马云不像老板，更像老师；大家不像员工，更像学生，更像兄弟姐妹。

别人说马云是一个企业家，但我更愿意相信他是一个"造梦人"、一个激情四射的创业者、一个伟大理想的布道者、一个辉煌梦想的鼓吹者。马云的亲身经历证明了一个道理：只要我们拥有梦想、激情，并且不断努力，就可以到达成功的彼岸。这就是成功的捷径，用闪亮的青春和汗水找到的捷径。

困难可以帮你淘汰掉那些坚持不住的对手。

几年前,马云曾应邀参加中央电视台举办的一个创业大会,在会上,主持人邀请马云作为成功者为那些还在创业的人写几个字,面对主持人的要求,马云留下来这样四个字——永不放弃。

永不放弃,这就是马云成功的秘诀,也是他经过了无数失败和痛苦之后得出的结论。在创业道路上,马云遇到过无数的挫折,他无数次栽倒在困难面前,但他却从没有放弃对成功的执著追求,而最终,成功来到了他的身边。

人生忠告 是不是要做一件事,要看这件事在客观上是否应该去做及自己的内心是否愿意去做,而不是取决于别人的看法。一旦你确认了一条认为正确的道路,就应该义无反顾地走下去,如果别人提出了不同的意见,可以将其作为参考,但绝对不能被别人牵着鼻子走。

2. 只有拥有持久的激情才可赚钱

人生需要激情，成功需要激情，激情主宰激励着人的力量，真正的激情是对生活的热爱，对事业的执著，是成功的精神基石。人生如果没有激情，那生命将会变得苍白而清淡。同样，营销作为全球经济领域最大的舞台，为营销人提供了展示自我、演绎精彩的巨大空间。那么你是否对营销注入了无比热爱的激情，是否有一种冲动的激情渴望成功？

俗话说："事在人为。"凡事以一种积极的心态去面对，相信你的激情营销必定会充满快乐和力量，你的营销梦想也会因激情而灿烂。营销是一种人生行为，每个人都希望自己的梦想能实现，实际上就在于你是否对营销注入了激情，只有无穷的力量激荡在胸中，才能成为营销的动力，从而演绎出精彩的人生，拥有灿烂的人生！

以前，有的推销人员会把谈判桌当战场，将赢得交易视为"征服"顾客，但今天这种单赢的思想已经被淘汰。

在营销界，越来越多的企业意识到，理想的推销结果应是双赢，即企业与顾客均有利益。但在市场竞争激烈的今天，推销自己的产品并非易事；从推销的角度出发，或许有人会说："推销只是给客户讲自己产品的种种好处，对客户的种种利益，但这些都已经做过了，还是不见得有什么好转。"

没错，同一件事可能有无数的人在做，可成功却并不属于每个人，原因是什么呢？决定于你的态度！成功的人会坚持到底，会对它一直持有激情，所以最终会走向成功。

马云说：短暂的激情是不值钱的，只有持久的激情才能赚钱！短暂的激情有可能会迎来暂时的收获，但想要得到或守住成功一定需要持久的激情！在通向成功的过程中，如果不能经受挫折的打击，那么再大的激情也只能算是冲动。

你只有懂得左手温暖右手，懂得把痛苦当作快乐，去欣赏，去体味，你才会可能成功。虽然很多坚持都是残酷无情的，但也正是这样才更能显示激情的难能可贵，再加上心中那份不能磨灭的梦想和脚踏实地的坚持不懈，必将换来明天的美好。

生活中，人们总会羡慕别人拥有了成功的果实，或羡慕那些成功的人是碰上了好的运气，或赞赏他们有智有谋，甚至有人认为他们是命好，逢上天时地利人和，成功才从天而降！而很少有人会去思考成功人士背后挥洒的汗水，他们为了达到成功的目标付出了多少执着的打拼！

在营销界，要想成功更需要保持一种将卓越的价值传递给消费者的强烈的激情。因为，暂时的激情谁都可以有，谁都可以坚持，但难的就是持久的富有力量的激情。这对于营销来说，既是一种行为也是一种事业，否则必将会严重影响事情的行为与结果。在你的营销中注入激情，相信成功就不再遥远！

在企业界流行一句话"做企业需要有激情"，激情是一种难能可贵的品质，是一个人保持高度自觉，可以把全身的每一个细胞都调动起来，完成他内心渴望完成的事情。激情是一种较强的情绪，一种对人、事、物和信仰的强烈情感。伟大的激情能战胜一切，因此一个人只要强烈地坚持不懈地追求，他就能达到目的。

马云在讲述第一次见到孙正义的情景时说道:"在那个互联网的寒冷冬天,所有人都意志消沉,觉得再也走不下去,越来越难。只有孙正义两眼冒着金光,坚信互联网将会影响全人类。"也就在那一刻,孙正义用6分钟的时间决定给当时还非常穷的马云2000万美元作为投资。

这2000万,可以说对于阿里巴巴起了很关键的作用。就在孙正义的投资到位两周之内,IT业就进入了为期两年的严冬。在这两年漫漫的严冬之中,几乎所有的中国互联网公司都无法得到任何投资而濒临破产或者导致破产,而阿里巴巴却始终没有为资金发愁。对于马云来说,孙正义在阿里巴巴的发展史上充当了一个无可替代的角色。

是什么力量使马云能够在短短的6分钟之内就能拿到别人可能一辈子都拿不到的2000万美金的投资呢?孙正义的软银公司,每年要接受700家公司的投资申请,但是大约只有10%,也就是只有70家左右的公司才能够如愿以偿得到投资,而且孙正义只对其中的一家亲自谈判。而在短短的6分钟之内,就对马云的阿里巴巴做出投资的决定,不仅对于马云是绝无仅有的,对于孙正义同样也是绝无仅有的。

这一切到底是因为什么呢?难道马云真有什么神奇的力量?是的,马云真有神奇的力量,这种力量就是激情。

事实上,孙正义在选择投资对象时,看中的并不是对方有多少钱、多大的规模。他最看重的一点,是企业领导者的气质。在那经典的6分钟之后,孙正义见到马云就经常说:"马云,保持你独特的气质,这是我为你投资的最重要原因。"

对于孙正义对自己的青睐有加,马云自己的解释是,他们之间有一种神奇的"chemistry"(化学反应),有一种"一见钟情"的感觉。马云事后曾经说过:"如果世界上真有什么一见钟情的事情,我想我和孙正义就是一见钟情的最好例证。"

马云的确是一个很有激情的人，见过马云或者在电视上看过马云的人，都会被马云那种好像全身都充满着的激情所感染。事实上，马云也正是因为激情才获得极大的成功。正是由于激情，马云挥手与6年的教师生涯告别，投身商海。

正是由于激情，在阿里巴巴还是"养在深闺人未识"的时候，马云就对同伴宣称："我们要做一家80年的公司，要进入全球网站的前十名。"后来，马云更是"激情四溢"地宣称："我们要做一家102年的公司，要进入全球网站的前三名。"

马云的一句口头禅就是："只有你想不到的，没有马云做不到的。"马云好像一个浑身都是能量的超人，用自己的激情感染着所有的人。他的演讲充满了激情，让人热血澎湃，观众无不为之感染。

凡是和马云有过接触的人，都会被马云身上的激情所感染。当年在北京帮马云做《书生马云》节目的一个同乡好友就对马云有一个中肯的评价："他就像一剂毒药，把所有的不可能都变成了可能。"

现在被定格为阿里巴巴创办人的蔡崇信，本来是到阿里巴巴来探讨投资可能性的。几次接触下来，蔡崇信被马云的思维和激情给捕获了。当他对马云说要抛下75万美元年薪，加盟阿里巴巴领取500元薪水时，着实把马云吓了一跳。蔡崇信给阿里巴巴带来的不只是激情和视野，还带来了国际大投资公司高盛的人脉。

在孙正义看来就是激情的不同，如果一个企业从上到下都充斥着激情，那么不管遇到多么大的困难，都一定能够咬紧牙关坚持下去，也一定会找到解决问题的方法，甚至把最优秀的人才吸引到你的公司来，从而不断地取得成功。但是如果没有激情，一切都无从谈起。

当互联网的寒冬再次不期而至时，激情就是在寒冬中可以御寒的棉衣。孙正义作为互联网的坚定投资商，他建议在预定的人生中，尽可能进行疯狂的自我挑战，不断做到第一，然后在新的领域中再争取第一。

这样把每一个第一加起来，很快就可以成为真正的第一，然后离成功就不远了。激情，不仅仅在互联网中可以成就成功，在其他领域同样也可以，只要你拥有持久的激情，没有什么困难是打不败的。

营销本身就是具有一定激情的行为，一个没有激情的人必定不会在营销界成功，而一个企业发展的根本就在营销，营销界发展不下去，那企业也就不会有生存可言。因此，激情是万物成功之首，当你成功的时候，当你失败的时候，当你顺利的时候，当你遇到阻碍的时候，激情总能够跳出来陪着你一起疯狂、一起感受。

人生忠告 要相信激情的力量，当一个普通人拥有了激情时，那他就有可能因此而变得"神通广大"。因为激情可以激发出普通人潜意识的力量，他也会因此而创造出奇迹。这种力量原本存在于每一个人身上，只是我们并没有感到它的存在，只因激情不够！

有人说：你可以没有金钱，但你不能没有精神；你可以百无聊赖地生活，但你不能没有生活的激情。同样，面对困难你也不能没有激情。激情是世界上最大的财富。它可以使你拥有更多的金钱与权利，为你的人生扫除一切障碍。

3. 心有多大，舞台就有多大

人的潜能是巨大的，就怕不相信自己，当你不相信自己的时候，你的能力就被埋藏。成功者都是普通人，他们没有三头六臂，智力也和普通人相差无几，重要的是他们相信自己：我可以做到！于是潜能就被挖掘出来了！只要你想得到，就一定能做到。

梦想造就成功的人生，一个人的成功，一半来自于他的自信，一半来自于他的梦想。没有梦想，一切努力的汗水都是徒然，没有意义。哪个成功的例子不曾经过梦想：不是古人向往飞翔，今天的飞机一定没有面世！不是人们对外太空的遐想，月球永远只能出现在我们的头顶上！一定要拥有自己的梦想，实践才能在激情中进行。

梦想是人生"永远脱不掉的红舞鞋"。因为有梦，我们才去挑战极限，包括不可能的任务，不断把自己抛向绝境与极限，又在绝境中逢生，在极限里超越，享受那稍纵即逝的巅峰体验。只要努力，所谓的梦想就会变成现实。

当马云说要在5年之内让阿里巴巴打入世界互联网前十强时，所有的人都认为他是一个狂人，简直是在痴人说梦，那么小的一个公司，还想进世界互联网前十强？

艰难时刻，马云的话总是激动人心："就是往前冲，一直往前冲。我说团队精神非常非常重要。往前冲的时候，失败了还有这个团队，还有一拨人互相支撑着，你有什么可恐惧的？今天，要你一个人出去闯，你是有点慌。你这个年龄现在在杭州找份工作，一个月三四千块钱你拿得到，但你就不会有今天这种干劲，这种闯劲，三五年后，你还会再找新工作。我觉得黑暗中大家一起摸索一起喊叫着往前冲，就什么都不慌了。十几个人手里拿着大刀，啊！啊！啊！向前冲，有什么好慌的，对不对？"听了这样的话，创始者们的精神怎能不为之一振？

接下来马云开始兜售真正的期货，兜售黄金的未来："在未来三五年内，阿里巴巴一旦成为上市公司，我们每一个人所付出的所有代价都会得到回报，那时候我们得到的不仅是这套房子，而是30套这样的房子。"当时对于这些只能掏出1-2万的人来说，30套房子的价值就是个天文数字，湖畔花园是个遥不可及的梦。

精神的力量是巨大的。因为马云用来激励团队的不仅是财富，还有事业：做一个中国人办的全世界最好的公司！

上市是当时所有网络公司的梦想和目标，也是阿里巴巴的梦想和目标。上市曾经是激励阿里巴巴创业者的动力之一，但不是全部。

后来，许多人是奔着上市，奔着阿里巴巴的原始股票来的；在后来加盟阿里巴巴的国外高管，跨国公司英才中这样的人更多些。在市场经济中，为上市为股票而来，无可非议。

但事实证明，仅仅为此而来的人，很难与阿里巴巴共患难。当阿里巴巴遭遇寒冬，遭遇盈利无望、上市无期时，这些人中的多数就会选择离开。

那真是一段激情燃烧的岁月！激情来自何方？疯狂工作的动力又来自哪里？也许是马云点燃了他们的青春激情，也许是事业和梦想给了他们动力。做一个成功的网站，做一个伟大的公司！

马云永远是团队中信念最坚定的一个，初创的艰难时期如此，后来遭遇寒冬时也如此。

马云说："我们一定能成功。就算阿里巴巴失败了，只要这帮人在，想做什么一定能成功！""我们可以输掉一个产品，一个项目，但不会输掉一个团队！"马云认为："判断网络公司好坏的依据有三个：第一是团队；第二是技术；第三是观念。一个公司是不是优秀，不要看它里面有多少名牌大学毕业生，而要看这帮人干活是不是发疯一样，看他们每天下班是不是笑眯眯地回家。"

在整整半年的时间里，湖畔花园那套普通的住宅变得神秘莫测。那里彻夜灯火通明，那里总是有人进进出出，那里总是人声鼎沸。

与那些有着光鲜背景的互联网神话制造者不一样，马云太普通了。他没有多少钱，创办公司的时候甚至只能把家当办公室，但他最大的特点是喜欢梦想、富有激情，经常沉浸在构筑童话的梦想中，并为自己的梦想激动不已、激情四射。他也善于把自己的梦想传递给他的团队，通过不断奋斗把梦想一步一步变成现实。

2002年底，互联网冬天刚过，马云提出，阿里巴巴2003年将实现赢利1亿元，这在当时几乎是不可思议的。但事实上阿里巴巴实现了这个看似完全不可能的目标。

后来，当马云提出打造能活102年的企业、创造100万个就业机会、10年内把"阿里巴巴"打造成为世界三大互联网公司之一和世界500强企业之一、"淘宝网"交易总额超过沃尔玛等梦想时，已经很少有人再感到吃惊或者怀疑了，并且人们相信，实现这个梦想并不需要很长的时间。

与其说马云是一个企业家，不如说他是一个"造梦人"。他是一个激情四射的创业者，是一个伟大理想的布道者，是一个辉煌梦想的鼓吹者。

马云用活生生的事实证明了一个道理：梦想有多远，我们就能走多远，一个人的心有多大，舞台就有多大。

所以，请你牢牢抓住梦想，因为倘若梦想消逝，人生有如折翼之鸟，再也无法展翅高飞。请你牢牢抓住梦想，因为梦想离去之时，人生就如荒芜之地，覆盖着严寒冰雪。只有打开梦想的翅膀，就能翱翔生命的蓝天。

"心有多大，舞台就有多大。"激情总与梦想相伴。马云把激情写进了阿里巴巴的价值观。他说，年轻人都有激情，但年轻人的激情来得快去得更快，持续不断的激情才是真正值钱的激情。你可以失去一个项目，丢掉一个客户，但你不能失去做人的追求。这就是激情。失败了再来，这就是激情。"电子商务是一个新的领域，我们最重要的是永远为你所激情的事情激情下去。"

登上橡树之顶的方法有两种：一是坐在橡树下等待机会的来临；二是爬上去。有的人敢想但不去付诸行动；有的人是敢想也敢干，只要认为是正确的，就会坚定信念，勇往直前；成功，当然属于后者。

如果把一个好的想法比做一朵玫瑰的话，那么可以这样认为，虽然花瓣很香，花色也很艳丽，但凋谢后却找不到种子。只有理论没有实践，不如不知道还较为息事宁人。世界上许多科学家和富豪无不具备敢想敢干的精神，因为他们知道，只有把正确的想法付诸到行动中去，才能带来自己想要的东西，才能变成真理。

其实马云并不像媒体报道的那样神奇、那样狂妄，只是敢想别人所不敢想，敢做别人所不敢做，并且坚持了自己的梦想！阿里巴巴这个名字的来源很有趣。

有一次，马云在美国一个咖啡馆坐下来，服务小姐过来，他问："你知道阿里巴巴吗？"小姐回答："知道，就是芝麻开门。"后来他跑到大街上问了黑人，白人，黄种人……发现大部分都听说过阿里巴巴。

于是，阿里巴巴就成了他公司的名字。如果换作别人，决不会有勇气跑到大街上去问"各色人等"是否听说过阿里巴巴。敢想敢做让阿里巴巴迅速走进每一个人的生活。当有人问到马云的成功应该感谢谁时，他说最应该感谢的就是自己脑袋，抓住了互联网上的机遇，敢想敢做，造就了所向披靡的阿里巴巴电子商务网。如果你能像马云一样敢思、敢想、敢说、敢做、敢为天下先，那你也可能实现自己的阿里巴巴帝国。

敢想敢做是成功的前提。敢想就是要树立目标，有理想，有广阔的视野和远见。一个人"站不高就看不远"。如果没有远大的理想，一生是很难成就大事的。敢做，就是要把自己的想法付诸实施，边实施边提高和改进。

一个人光说光想不行动，是永远达不到目的的。成功在于梦想，更在于行动，其实，想对于付诸行动来说，制定目标倒是更容易的。许多人都为自己制定了人生目标，从这一点上说似乎人人都像一个战略家。但是，相当多的人制定了目标之后却没有落实下去，不敢采取行动，结果到头来仍是一事无成。

有想法更要有做法，如果只知空想而没有任何行动，那想法永远也只是个想法，是不可能成为事实的，梦想成真的关键就在：是否有敢于行动的勇气。敢想就要敢做，惟有积极的行动，大胆的尝试，梦想才有真正实现的一天。想到了，马上就做，是一切成功人士必备的品格。

人生忠告 生活中要有梦想，梦想是我们得以成功的导航器，一个人若没有梦想，就像一艘轮船没有舵一样，只能随波逐流，无法掌握，最终搁浅在绝望、失败、消沉的海滩上。梦想有多远，幸福就有多长。有梦想就会有希望，人不是生来就是要被打败的，只要你有勇气，人穷志不穷，哪怕你现在什么也没有，只要去努力去奋斗，将来所有的一切都会有的。然而，梦想是美好的，奋斗更是非常重要的。要实现梦想就必须要付出劳动，付出辛苦。无论到什么时候，都不要关了自己梦想的那扇大门。

4. 非专注无以作为

10只兔子摆在那里,你到底抓哪一只?有些人一会儿抓这只兔子,一会儿抓那只兔子,最后可能一只也抓不住。CEO的主要任务不是寻找机会而是对机会说NO。机会太多,我只能抓一只兔子,抓多了,什么都会丢掉。

爱迪生说:"能够将你身体与心智的能量锲而不舍地运用在同一件事情上而不会厌倦的能力……一个人整天都在做事,晚上十一点睡觉,他做事就做了整整十六个小时。惟一的问题是,他做很多很多事,而我只做一件。假如他将这些时间运用在一个方向、一个目的上,他就会成功。"

是的,许多人之所以失败,在于三心二意,朝三暮四,他们在面对许多诱惑的时候,总是不能做到心无旁骛,而最终变得一无所获,这是成功的大忌!人世间要成就一番事业,因素是多方面的,而其中很重要的一点就是专心,又称专注。专注来自于目标的专一,目标专一才会集中精力、体力,才会越钻越深,越来越向目标靠近。

在这个迅速发展的社会,无时无刻不存在诱惑;诱惑就像攀附树干的藤蔓一样,纠缠于人和企业的成长全过程,永远无法摆脱。面对诱惑,最有效的抵御方法就是专注,以专注明辨是非,以专注坚定信念,以专注创造奇迹。

马云从进入电子商务开始,12年没有动摇过。从1995年到2007年,

12年的坚守，坚守出了一个世界最大的电子商务网站。

在成长的道路上，阿里巴巴曾经遇到过两道坎。一次是在逆境；一次是在顺境。逆境是在2001年，整个互联网都在苦苦挣扎的时候，马云对于电子商务痴心不改，对给他投资的孙正义说出了"孙先生，我还是这个梦想"。

当时的阿里巴巴命悬一线，没有后续资金，没有盈利模式，到处都是质疑和谩骂，但是马云不管风云如何变幻，我自岿然不动，坚守自己的B2B，坚守自己的电子商务，一直坚持到了阿里巴巴长大那一天。

逆境坚持自己的道路需要有很大的毅力，在顺境中坚持更需要有极大的毅力。2002年年底，互联网终于从严冬中走了出来，阿里巴巴也长得更加壮实了，已经拥有超过400万家的网商用户。阿里巴巴的快速发展，带来了新的诱惑。

当时互联网最热门的是短信业务和游戏业务。前者以搜狐和网易等中国门户网站为代表，在短信市场上取得了巨大的利益。后者以盛大的陈天桥和巨人的史玉柱为代表，更是日进斗金。

马云抵挡住了诱惑。他坚持最初的选择——不改初衷，一条道走到黑。

其实，在互联网圈内，公认的中国电子商务的开创者，并不是马云，而是写下《大连金州不相信眼泪》的、有着深深文人气息的王峻涛；阿里巴巴也不是中国真正意义上的第一家电子商务公司，第一家真正意义上的电子商务公司，是王峻涛的8848，但是8848已经成为了明日黄花，这位外号"老榕"的电子商务领跑者，也比马云更早离开了电子商务领域。原因只有一个，王峻涛被全线出击给压垮了。当时的8848，对于信息流、物流、资金流全线出击，结果把8848给累死了。

而马云则保持着清醒的头脑，他始终认为电子商务的特质就是信息流的整合："中国没有沃尔玛，没有完善的配送体系，在中国三线作战只能够增加成本。"

2005年12月6日至16日，在中央电视台经济频道举办的2005年中国经济年度人物评选创新论坛上，马云应邀在北京大学中国经济研究中心演讲。

在这次演讲中，马云再次重申了阿里巴巴对专心致志地做好一件事的坚决态度："2005年以后阿里巴巴什么样子我不知道，但是在未来的三年到五年，我们仍然会围绕电子商务发展我们的公司，我觉得我们绝对不能离开这个中心。10年的创业告诉我，我们永远不能追求时尚，不能因为什么东西起来了就跟着起来。"

2005年8月，阿里巴巴完成了对雅虎中国的并购，这一事件所引起的争议甚至盖过了不久前在纳斯达克成功上市的百度公司的风头。

当时，网络上众说纷纭，有人说，阿里巴巴收购雅虎中国是因为看到百度的股票上涨了，也想在搜索上分一杯羹。而马云在北京大学演讲时所讲的一段话，可以看成是对这一说法的回应："我觉得我们不要起个大早赶个晚集，我不会因为Google和百度的股票上涨，就也想做什么，就像四五年前我不相信短信会改变互联网，也不相信游戏会改变生活，我不希望我的儿子玩游戏，我也不想别人的儿子玩游戏。我坚信电子商务会影响中国经济，中国正因为缺乏诚信体系，缺乏网络基础的建设，所以它会有一个蛙跳式的发展。"

"锋芒毕露不如相忘于江湖。"不管别人怎么看、怎么说，马云坚持埋头专注于自己的B2B模式，"任凭风大浪急，我自闲庭信步"。

马云成功了。在电子商务领域，阿里巴巴一骑绝尘，无人能及。当今的全球网站的综合排名中，阿里巴巴已经超过 eBay。如果加上淘宝网的实力，阿里巴巴的综合排名离进入全球前十强不远了。

历经 8 年历练，阿里巴巴集团麾下已经形成了马云构想的"达摩五指"，包括 B2B 电子商务的阿里巴巴网站、大陆最大的 C2C 拍卖网站淘宝网、第三方网络支付工具支付宝、雅虎中国门户网站，还有一个软件公司阿里软件。

回首往事，马云也认为："那个时候，我觉得电子商务还要五年才能够赚钱，如果想要赚钱，还是可以进入短信的。"

但是他也庆幸自己当初做出了正确的决定："我认为互联网就那么两大块业务能够赚大钱，一是电子商务，一是娱乐。我不认为有人会一辈子都只顾娱乐，也不相信 on－linegame（在线游戏）能够改变世界，我还是看好电子商务的前景。"

专注于一个领域，并把它做大做强，这对于一个创业者来说，是不可或缺的品质。马云说过一句话，叫作"我专，故我强"。

古代有句话说得非常好：伤其十指，不如断其一指。马云深得其中三昧。从踏上创业的道路开始，不管潮流怎么变化，不管出现多少概念、多少机会，马云始终朝着自己设定的路坚定前行，对于外界的诱惑、打击充耳不闻，坚持走自己的路。曾经有记者问马云：阿里巴巴的战略到底高明在什么地方？马云的回答是：真正优秀的公司都是简单的，一个优秀的 CEO 最大的使命就是对机会说 NO！

著名国际竞争战略大师迈克尔波特曾经说过："只有在较长的时间内坚持一种战略而不轻易发生游离的企业，才能赢得最终的胜利。"放眼看看世界上最成功的前 10 大企业，又有哪个是靠多元化经营崛起的？中国的前 10 大企业又有几个多元化经营的？因此可以这样说，唯有专注，才能使得创业者在创业的过程中迅速获得预期的规模经济效益,也才能有利于企业在自己的产品、服务上赢得独特的竞争优势和核心竞争力。

"专注"是把企业发展的方向定位于某个特定的领域之中,并且集中企业的一切资源与力量为这个市场服务,从而最终实现企业的成长与发展。

对于中小企业来说,应该时刻保持对市场的专注,然后通过整合资源与创新技术来开拓自己的业务范围;如果早已经确立了自己的市场目标,那就应该不懈地努力争取。

由于创业者的资金少、人才少、规模小,再加上管理水平比较低下,要想在竞争激烈的市场中占据一定份额,那就必须集中全部的资源、时间以及精力,在预先规划的"小产品上做大文章"。这就需要专注:认准一个市场一直坚持走下去,持续专注地进行开拓。只有这样,才能把自己比较单一的产品、服务销售到尽可能广泛的市场范围中去,进而获得高额的持续的回报。

当一个企业专注于某个行业,并将其做到行业第一的时候,那时你想不赚钱就难了,所以一个企业应该专注于它所擅长的行业。马云就是这样的一个人。

其实人与人相比,天分和才能都相差无几,最大区别就是人们对待事情的态度有所不同。相信"猴子掰玉米"寓言故事大家都听说过,说的是猴子在地里掰玉米,刚掰下一个,觉得前面的更好,就扔下手里的去掰另一个。另一个到手,觉得还有更好的,到手的又扔掉,去掰那个"更好的"。不知不觉走到地的尽头,天色已晚,只得慌慌张张随便掰一个,回去一看,恰恰是个烂包谷,也只好饿着肚子入睡了。

一直以来,人们都会觉得这个猴子太傻,其实猴子犯傻不是智力问题，而是心态问题，它太浮躁了。由此看来，三心二意的人永远都得不到最好的结果，只有一心一意的人才能品尝到最甜的果实。

当你对自己所做的事情付以120分的专注的时候，那么成功便离你不远了！

如果一个人没有专注精神，那么他就不能脚踏实地的做好每一件事情。可生活中偏偏有这样一些人，他们很有雄心壮志，任何事情都想做到完美无缺，结果却一件事情都做不好，想要面面俱到，却是一面也俱不到。

纵观中国IT行业的发展历程，你会发现：大部分的企业在刚刚涉入市场的时候，目标都定得不是很高，而且是专门针对某块细分市场。例如第九城市以门户网站发迹，盛大靠代理《传奇》成功。他们在一开始都很专注于自己的领域，并且都取得了相当不错的业绩。

然而两家企业后来的发展很令人玩味：第九城市立足于门户网站开始运营网游，盛大则在称霸中国网游市场后开始收购新浪、起点等网站，两者开始向着对方的领域扩张。

扩大自己的营业范围无疑是很多企业采用的做法，多线路发展可以为企业带来更大的腾挪空间，资金、物流等的周转也有了很大便利。

但是在他们曾经专注过的领域里，他们又发展得如何呢？第九城市的网站仍然比不上新浪、网易，盛大的网游霸主地位也已经摇摇欲坠，虽然他们的触角伸得很远，场面铺得很大，但在其各自的领域内，却缺乏一种专注，致使他们一直处在行业的最低处，永远无法达到成功的巅峰。与他们相反的是，马云从创立阿里巴巴开始，就一心一意的专注电子商务，因此，很快便取得了很大的成绩。

专心地把一件事情做好，就能有所收益，能突破人生困境。反之，一个人若注意力不集中，对琐事过于关心，就会白白消耗精力，这是一种资源的浪费，只能落个两手空空的结果。专注是一个人表现出来的一种素质，一种能力，体现着一个人为人处事的态度和风格。

一件事如果是自己主动揽过来的，这就意味着你要专心尽力地做好，否则就是自欺欺人。如果事情是你必须承担的责任，你更要摒除杂念，力求完美。三心二意，心不在焉，敷衍塞责，心浮气躁，无不暴露出你心智的残缺。

做事情要专注，哪怕是一件小事，当你做专做精后小事也很有可能使你成功。很多经验表明，对一件事情，专注一时者众，而始终专注者寡。大部分人都很难长时间地保持对一件事情的兴趣和追求，经不起时间的考验，所以也就很难做大事。

古今中外，任何一个成功者的背后，都有着坚持不懈的执着追求和艰苦劳动。齐白石专注于画虾，画出的虾栩栩如生；徐悲鸿专注于画马，画出的马呼之欲出；爱因斯坦专注于思考，才有了"相对论"……如果他们没有专注，或许今天历史上就不会出现他们的名字。

不过，值得一提的是，专注也是有前提的，这就是确立的奋斗目标必须符合实际、符合科学。否则，就是再专注、再努力，也不可能达到目的、实现目标。

人生忠告 古训说得好："欲多则心散，心散则志衰，志衰则思不达。"人的精力毕竟有限，往往穷尽全力也难以掘得真金。世界上最大的浪费，就是把宝贵的精力无谓地分散在许多事情上。

在一个人有限的生命中，能够专注于一个专业，朝着一个目标做精、做深是最好的选择，只有这样，才能成功。专注者尤其要保持一颗超然之心。要知道，既已选择了专注，就要淡然对待名利，要知道自己擅长什么，能做什么，做什么最好的前提下，一如既往地专注下去。要坚信："顽强的毅力可以征服世界上任何一座高峰。"

5. 坚持最重要

当别无选择，只有华山一条路的时候，硬着头皮一步一个脚印往前走，一个个的山峰和低谷，在不知不觉之间，就会甩在你的身后。当你转身往回看的时候，往往你自己都不相信，原来我已经离起点这么远了。坚持再坚持，希望就在眼前。

今天很残酷，明天更残酷，后天很美好，但是绝大部分是死在明天晚上，所以，每一个人都不要放弃今天。

上面这段马云的经典语录是他在当选2004年CCTV年度十大经济人物的颁奖典礼上的发言，很经典，成为流传最广的马云语录。而其中蕴涵的哲理更是经典，也是马云创业精神的写照。

有人说马云的成功是因为他善于抓机遇。但是抓住了机遇还要能够坚持下去才能够成功，要能够经受住冬天的考验，经受住失败的打击，否则，就是有再好的机遇，也不会成功。互联网给世界带来了巨大的商机，但是互联网产业的发展并不是一帆风顺的。有人形象地说，在互联网业里闯荡，就像坐过山车，现在是巅峰，马上可能就是谷底。

互联网业的淘汰率非常残酷。"100个人创业，其中95个人连怎么死的都不知道，没有听见声音就掉下了悬崖，还有4个人是听到了一声惨叫，然后掉下去，剩下一个可能不知道为什么还活着，但也不知道明天还活不活得下去。"

所以，坚持是最重要的，在寒冬漫漫的时候要能够活下去，在春风和煦的时候，也要坚持初衷。

早在1999年3月，马云在湖畔花园的会议上就说过："即使泰森把我打倒，只要我不死，我就会跳起来继续战斗！"

2001年是全世界所有互联网公司的噩梦，网络泡沫在这一年破灭。此前和英雄、财富、未来联系在一起的"互联网"，在这一年成了骗子、投机的代名词。

而中国的互联网更是处于水深火热之中。因为除了泡沫破灭之外，还有一个资信问题困扰着中国的互联网公司。中国互联网公司本身在运作中就不规范，国际资本在投资中国公司时经常受到中国规则的影响。所以中国的互联网公司从2001年开始，不再受到国际资本的追捧，甚至受到了排斥。

从股市上就可以看出这种趋势。越是和互联网联系紧密的公司，跌得越多。当时，微软的股价跌了一半，英特尔跌了近三分之一，思科的股价仅为最高价的六分之一。中国公司更惨：新浪上市时20美元，最高50美元，现在只有1美元；搜狐最高13美元，现在竟跌至不到1美元，只有90多美分，只有最高时的二三十分之一。

面对困境，那时的互联网公司可以说真是"龟有龟路，蛇有蛇路"，转行的转行，倒闭的倒闭，即使为数不多的几家也如过街老鼠，甚至不敢说自己是互联网公司。

但是马云仍然不改初衷，他坚持认为契合中国国情的电子商务事业，是未来主导世界的新网络经济体系。

所以才有了马云拍着胸脯对孙正义打包票那经典的一幕："孙先生，一年前你为我融资的时候，我向你要钱的时候，我讲的是这个梦想（电子商务），今天我仍然要告诉你，我还是这个梦想，唯一的区别是我朝我的梦想往前了一步，但是我还在往前走！"

孙正义听马云说完后对马云说："你是唯一一位三年前对我说什么，现在还对我说什么的人！"

马云说："IT人最重要的是不能够放弃，放弃才是最大的失败。放弃是很容易的，但从挫折中站起来是要花很大力气的。结束，一份声明就可以了，但要把公司救起来，从小做大，要花多少代价。英雄在失败中体现，真正的将军在撤退中出现。"

在最艰难最残酷的时候，放弃是很容易的。事实上很多网站都放弃了。如果没有马云的坚持和顽强，阿里巴巴是撑不过冬天的。

困境中马云选择的是坚持，顺境中马云同样不改初衷。2002年年底，互联网世界迎来了自己的第二次春天，互联网公司纷纷开始盈利。经过几年的卧薪尝胆，阿里巴巴的网商用户已经超过了400万家，具备开拓任何领域的最佳条件。

新的诱惑来了。当时阿里巴巴有三条路可走：第一条路就是发展当时风头正劲的短信业务，许多网站，包括搜狐、网易等门户网站都从短信业务上赚足了真金白银，而且短信市场已经很成熟，阿里巴巴具有分一杯羹的实力；第二，阿里巴巴可以投身网游业务，当时中国的网游刚刚起步，还没有一家大型网络游戏公司，陈天桥的盛大还处于初级阶段，阿里巴巴当大有作为，看看两年后陈天桥凭借盛大登上了中国首富的宝座，就知道这条道路的含金量有多高；还有一条，就是继续在前景尚不明朗的电子商务的"老路"上一条道走到黑。

马云选择了坚持。他给阿里巴巴定了一个很高的目标：一年赚一块钱！结果，到了2002年，阿里巴巴赚到了自己的第一块钱；到了2002年年底的时候，盈利已经突破600万元。有时候做什么也许不是最重要的，坚守下来才是最重要的，用马云的话说就是："我不知道如何定义成功，但是我知道什么是失败——放弃！"

永不放弃，造就了马云，也造就了阿里巴巴。

许多人在创业的道路上没有走得更远，原因就在于他们在没有到达成功彼岸的时候，稍微遇到挫折便放弃了。

华为总裁任正非经常挂在嘴边的一句话就是："什么叫成功？经九死一生还能够好好地活着，这才是真正的成功！"成功的道理，绝不会也绝不可能是一帆风顺的。从某种意义上说，这就是一条不归路，创业者要时刻做好爬着，甚至滚着前进的准备。马云没有改变过方向，坚守着电子商务这块阵地，他取得了成功。

创业就如同小孩子学走路，总是要在不断地摔倒和爬起的过程中才能成长起来；就如同人写文章总会有写错和表达不当的时候，只有不断擦拭、修改方能成器。

一个人若想创业成功，最关键的不是看他是否拥有本钱和才华，而是要看他是否有愈挫愈勇、永不放弃的精神和毅力。有时候失败就和成功差一步，所以在最困难的时候再咬牙坚持一下，也许，迎接你的就是成功的喜悦。

人生忠告 无论是刚开始创业或是已经发展到一定的规模，危机都是随时存在的。如果真的遇上了危机，就要有永不放弃的精神，咬牙坚持到底。用马云的话说就是："我永远相信我们永不放弃，我们还是有机会的。"

6. 九十九次的失败换来一次的成功

马克·吐温曾说："人生在世，绝不能事事如愿。反正，遇见了什么失望的事情，你也不必灰心丧气。你应当下个决心，想法子争回这口气才对。"是啊，在人生的道路上总会遇到各种各样的失败，明智的人决不会因此而哀叹，他们会在失败的经验中总结出成功。

成功是每个人终其一生所追求的，而失败则是许多人所恐惧的。所谓"失败是成功之母"告诉了我们：在每个人的生活中，成功往往是在一次或几次的失败后获得的，而失败则是一种清醒剂，它督促人获得更大的成功。一件事情的成功很有可能需要无数次的失败，只有在失败后继续向成功迈进，才能获得最后的成功，实现自己的梦想。

生活中常常听到"万事如意、一帆风顺"的祝福语，可现实中，却没有一个人的人生是万事如意、一帆风顺的。每一个人都希望自己能够成功，而不愿遭受失败。很多人在失败后都表现出的是灰心、气馁，殊不知真正的成功是建立在失败基础上的。我们需要在失败中，甚至是无数次的失败中总结出经验教训，从而真正走向成功。

人们都知道马云是我国一个响当当的人物，作为阿里巴巴集团的主要创办人他在开始创业的时候并不是一帆风顺的，他的成功来自于一次又一次的失败，是在充满曲折和艰辛的道路中走过来的。

马云大学毕业后，在杭州电子工业学院教英语。期间，和朋友成立了杭州首家外文翻译社。因精通英语被邀请赴美做商业谈判的翻译，马云只身来到美国，在西雅图，他第一次接触了互联网。

1995年，回国后对计算机一窍不通的马云决定辞职创办中国第一家互联网商业网站——中国黄页。在他请来的24位朋友中，23个人都反对说这行不通，但马云抱着就算是失败也要试一试，闯一闯的态度，坚持自己的想法。因为你如果不做，就永远不可能有新的发展。于是两万元启动资金，租了间房、一台电脑就成立了第一家互联网公司——海博网络。

在当时的中国，懂互联网的人少之又少，几乎没有人相信他。但马云仍然像疯子一样不屈不挠，一家企业一家企业的上门推销自己的业务。终于随着互联网的正式开通，业务量才有所增加。

1997年底，马云带着自己的部队上北京，创办了一系列贸易网站。但由于互联网的飞速发展，创业并不是一帆风顺的，1999年马云离开"中国黄页"，决定南归杭州，最后以50万元人民币第二次创业，建立阿里巴巴网站。

在当时，正值中国互联网最疯狂的时候，新浪、搜狐应运而生，许多网站纷纷易帜或转向短信、网络游戏业务时，马云仍然坚守在电子商务领域。由于阿里巴巴困难依旧，为了节约费用，公司就安在他的家里，员工只能拿500元工资，累了就在地上的睡袋里睡一会儿。

可由于没有找到合适的道路，几年内公司不仅没有收入，还背负着庞大的运营费用。2001年，互联网行业跌入低谷，不少公司因此倒闭，但马云依然坚持着，到了年底，阿里巴巴不仅奇迹般地活了下来，并且还实现了盈利。

创业的失败曾使马云几度苦恼。当时，他甚至怀疑过自己是不是选错了路，但最终他并没有因为失败而放弃，在他的坚持下依然选择了这条艰辛的创业路。因为他确定这是他想要的生活，如果当时马云在创业失败后决定放弃，那也就永远不可能成就今天的他。

就如他所说的："从创业的第一天起，你每天要面对的就是困难和失败，而不是成功。"他的经历让我们认识到，遭受失败并不可怕，可怕的是你没有战胜失败的勇气。

马云从开始的创业失败到今天的种种成就，正是经过无数次的失败之后所获得的，而那些失败后自暴自弃的人是永远不会有所成就的。

有人说成功来自坚持，不可否认是对的。一个人的成功与坚持绝对脱不了关系，如果你想要成就某件事情，那么请坚持下去，只有这样才可以成功的完成它。纵观古今中外所有的成功人士，无不是在失败数次之后，重新站起来，才得以成功的。

一位成功者曾说：百分之九十的失败者其实不是被打败的，而是因为自己放弃了成功的希望。马云的成功何尝不是如此，实际上，成功者与失败者之间的差别就在于多一点坚持，失败后不要放弃努力，因为成功往往是在无数次的失败后才会出现。

不能坚持的人最终的结果也只有失败，而九十九次的失败换来一次的成功是值得的，失败是无价之宝，懂得在失败后坚持的人，便可以因此而孕育出最终的成功。

2003年，"阿里巴巴"终于拓展了自己的业务，进入了全球商务的高端领域。而今天"阿里巴巴"服务的商人就可以达到240万。马云能有今天的成就最大的原因就在于他的坚持。曾在失败后一次次地站起来，使他在8年时间里将资本额50万元人民币的小企业，一举成为中国最高市值的互联网公司。

如今的"阿里巴巴"管理层，绝对可以算得上超豪华阵容。而成功投资了雅虎网站的"全球互联网投资皇帝"、日本软银公司的董事长孙正义与前世界贸易组织总干事萨瑟兰已是他的顾问；在这里还聚集了16个国家和地区的网络精英，同时越来越多的哈佛大学、斯坦福大学、耶鲁大学的优秀人才也在不断向阿里巴巴涌进。试想如果没有马云当初在无数次失败后的坚持，怎么会有今天的成就？

从对互联网一窍不通再到创办阿里巴巴网站，马云经历了无数次的失败，但最终还是成功了。也许有人认为他的成功只是一场意外，也许只是机遇好，也许……其实马云并非是一个幸运儿，他之所以有今天的成就，完全是由于他的坚持，尤其是在他无数次失败后的坚持。

事实证明，无论做什么事情，要取得成功就不能惧怕失败，因为成功的背后是无数次的失败。一位伟人曾说："世上无难事，只要肯登攀。"只要不放弃，你一定会获得最后的成功。的确，坚持一会儿并不困难，难的就是在无数次的失败后长时间的坚持下去，直到最后的成功。

人生忠告 在我们的生活中，每个人都会经历无数次地失败，但在失败之后，你是否选择了坚持？真正的人生总是在失败与逆境中度过的，在面对这些失败时，如果你选择坚持向前冲，那么你就一定会成为最后的胜利者，你的人生也会因此而辉煌。一次的失败并不意味着永远的失败，曾经达不到的目标也并不意味着永远达不到，每个人都有成功的机会，只要你在失败后多坚持一次，再奋力一搏，也许成功就会向你迎来，失败就会向你低头。

第三章

坚韧不拔战胜每一个挫折

人生需要挫折，有挫折的人生才能让你在拼搏中体验征战历程的美。人生对每个人都是公平的，人生好比两瓶必须要喝的酒，一瓶是甜蜜的，一瓶是酸苦的。你先喝了甜蜜的，其后必然是酸苦的。面对挫折，你只不过先喝了酸苦的，又何必耿耿于怀呢？但能否将酸苦的化为甜蜜的，关键则在于你如何把握。如果你甘于酸苦的，那上帝也无可奈何；反之如果你敢于拼搏，勇于争取，那你就有希望品尝甜蜜的。无论何时你都应明白：命运不是掌握在别人手中，而是自己手中。

1. 成功者要能吃苦会吃苦

在生活中，在事业上，在人生的旅途中，大凡成功者，都是能吃苦的人。先吃"苦"，然后才会享受到"甜"的味道。所以，能吃"苦"对创业者来说是一种资本，一种保证今后能够获得生意成功，完成财富积累的资本。俗话说："吃得苦中苦，方为人上人。"

能吃苦是创业者必备的素质，任何人都不可能是一马平川、无风无雨，如果没有吃苦的精神是很难取得成功的。

开创一个崭新的产业，创造一个崭新的商业模式，是一件充满风险充满挑战的事，其开拓者注定要经历许许多多的磨难和痛苦。在马云的创业之路上，不管有多少损失，多少委屈，也不管有多大打击，多大压力，马云都扛下来了。"打碎了牙咽到肚子里"，马云从小练就的抗击打能力，在残酷的商战中得到了不断提升。马云和他的创业团队经受住了一次次磨难的考验，不断成长，并逐渐走向成熟。

如果你没有在创业路上摔100个跟头的准备，你不要创业；如果你没有无数次被拒绝甚至被嘲讽的准备，你不要创业；如果你没有做好"被全世界人抛弃"的准备，你不要创业。所以，创业路上，苦难是我们最好的朋友！

这不是危言耸听，更不是夸夸其谈，这是马云在历尽坎坷、备尝创业艰辛之后的真情告白。

创业从来都是艰辛的，开创一个崭新的产业，创造一个崭新的商业模式，是一件充满风险充满挑战的事，在一片蛮荒之地进行开拓式创业就更加艰辛。其开拓者不管是成为占尽先机的成功的英雄，还是成为异常悲壮的失败的先烈，他注定要经受磨难和艰辛的锻造，有句歌词唱得好："不经历风雨，怎能见彩虹？"

在1995年的上半年，草创时期的中国黄页步履维艰。那时，中国还没有开通互联网，人们对互联网还一无所知，中国政府还没有决定是否加入这个信息高速公路。

草创时期的几个多月里，马云几人兜售的实际上是一种在国内还看不到的商品。

几份美国寄来的打印纸和一个美国电话，并不能让所有的客户信服。有人怀疑这些打印纸是马云他们自己在电脑上制作出来的，并不在网上，于是有人怀疑马云是个骗子。

尽管马云是真诚的，尽管马云在老老实实做生意，尽管马云在不辞劳苦地义务宣传互联网，但他还是不能被人理解，还是一次又一次地被人当成骗子。也许是因为马云太超前了，也许这就是一个网络先锋、一个互联网开拓者必须付出的代价。

马云被当成骗子从一开始就是误解和猜忌的结果，但马云被骗从一开始就是残酷的现实。在一个信用缺失的年代，被骗几乎是每个企业家的宿命，是其必经的磨难。

由于资金匮乏，公司举步维艰。为了寻找资金，马云费尽了心机。1995年下半年，五个深圳老板主动到杭州找马云，说愿意出资20万元，做黄页的代理。马云一听感激涕零，立刻将公司模式，技术支持和盘托出，老板们听完说还没弄明白，马云便派技术人员到深圳，昼夜不停地为其建立系统，老板们终于满意了，通知马云三天后到杭州与黄页签合同。马云苦等了三天，音信全无，再催，得知老板们刚刚开过新闻发布会，拿出来的东西与黄页的一模一样。此时马云才知道受骗了。"当时真受不了，但我还是把它扛下来了。"事后马云这样说。

在创建中国黄页的几年中，马云至少被骗过四次。骗他的不仅有商人，有企业，有机构，甚至还有媒体。

到了年底，经过8个月的苦苦打拼，公司的账目已经接近平衡，营业额也已突破100万元。

到了1996年初，几乎一夜间冒出了好几家堪称强大的竞争对手："东方网景""亚信""西湖网联"等。新生的中国互联网市场的竞争骤然激烈起来。中国的互联网市场从此不再寂寞，而中国黄页也从此不再孤独。

西湖网联隶属于杭州电信。这是家门口的对手，而且两家实力悬殊。西湖网联财大气粗，中国黄页势单力薄；西湖网联有政府背景，中国黄页只有民间身份；西湖网联垄断着网络技术平台，中国黄页只能依靠海外服务器。在杭州老百姓眼里，西湖网联是正规军，中国黄页是游击队。正规军打败游击队是没有问题的。但竞争的结果却是中国黄页占了上风。连杭州市政府都承认，中国黄页做得比西湖网联好。

1995年12月，马云北上失败，把新闻、体育、文化装进中国黄页的计划泡汤，把中国黄页变成中国雅虎的壮志落空，也使得把中国黄页总部放在北京的计划根本无法实现。

在1996年初，马云的中国黄页的一时取胜，并不能化解公司面临的危机。资金匮乏，资源匮乏，信息匮乏。身处杭州的黄页要想完全摆脱西湖网联的阴影也是不现实的。

为了生存，为了长远发展，为了得到资金支持，也为了背靠大树好乘凉，马云决定中国黄页与西湖网联合资。

中国黄页将资产折合人民币60万元，占30%的股份；西湖网联所属的南方公司投资140万人民币，占70%的股份。在合资后的股份公司中，马云仍出任总经理，但大股东肯定是南方公司。

对于10万元人民币起家长期患资金饥渴症的中国黄页来说，140万就是个天文数字。有了资金支持的中国黄页业务扩展大大加快，到了1996年年底，中国黄页不但实现了盈利而且营业额突破了700万。

可是好景不长，几个月后，马云带人到外地拓展业务，等再回到杭州一看，情况大变。南方自己又注册一家自己的全资公司，名字也叫"中国黄页"。

为了利用中国黄页已有的品牌声誉，南方公司建立了一个网站，和中国黄页相近，而且中文名字都叫中国黄页。于是杭州有了两个"中国黄页"。

新黄页利用老黄页之名开始分割老黄页的市场。两家黄页一个套路，同城操戈，自相残杀。做一个主页，你收5000，他就收1000……悲愤至极痛苦至极的马云，为了保住黄页，为了迫使对方关掉新黄页，愤然提出辞职。

直到这时马云才明白，西湖网联并无合作诚意。"因为竞争不过你，才与你合资，合资的目的是先把你买过来灭掉，然后去培育它自己的100%的全资黄页。"两年多来，马云带领黄页团队左突右杀、浴血奋战，好不容易打出一片天地，到头来却不得不看着自己一手创办的黄页为别人所主宰、所掌控，而却无能为力，个中的痛苦滋味，是一般人所无法想象的。

其实，与美国的网络先驱比，马云创建中国黄页的时间也并不算晚。

然而两年之后，雅虎如日中天，亚马逊闻名遐迩，而中国黄页却面临分崩离析。再次品尝失败苦酒的马云，不得不正视残酷的现实。

虽然遭此重大挫折，但马云从不因失败而掉泪。创业以来，他承受的各种白眼和闭门羹难以计数，这些事太多太多。每次打击，只要你扛过来了，就会变得更加坚强。

财富巨人的成功经历告诉我们，那些成功者都是能吃苦，肯吃苦的人，不能吃苦的人很难做好自己的公司，特别是刚刚创业的年轻人。

说到底，创业其实是一种风险很大的社会实践活动，很多创业者一开始并没有做好创业的心理准备，只是一时冲动就踏上了创业之路，结果很多人一遇到一点危机，立马就半途而废、缴械投降了。

许多创业者在刚开始创业时，还是很有进取精神和战斗力的，也比较能吃苦耐劳、勤俭节约；但事业刚有起色，就容易产生满足感，贪图享受，害怕挫折，不愿再承受压力和责任，小富即安、不思进取，吃老本，忘乎所以，彻底失去了创业时期的那种敏锐和忧患意识，而真正的危机恰恰就容易出现在这个时候。

许多民营企业的平均寿命只有三五年，根源就在这里，就是因为这些企业的领导人和创始人，小富则足，不思进取，贪图享受，忘记了吃苦耐劳的精神造成的，这些教训值得每一位创业者深思。

创业艰难，人生无常，商海无情，创业者面对困境，要沉着冷静，要能屈能伸，要学会微笑面对，不是要回避退让，不是要胆小怯懦，更不是要长叹绝望；而是要拿出勇气，拿出气魄，不回避蔑视，不躲避白眼，不害怕践踏，不畏惧强暴，即便是天塌下来了，也能顶得住，只要有一丝希望，一点机会都要努力去拼搏，去争取。

曾经有一位名人说过："重要的不是胜利，而是斗争；不是征服，而是奋力拼搏。"无论在什么样的情况下，都应该如此。只要创业者顽强奋斗，持之以恒，循序渐进，吃苦耐劳，为完成自己的财富梦想坚持到底，就一定能迎来财富之门为你洞开的那一个时刻。

现实中，那些能吃苦耐劳的人，很少有不成功的，这是因为他们吃苦吃惯了，便不再把吃苦当苦，就能泰然处之，遇到挫折也能积极进取。怕吃苦，不但难以养成积极进取的精神，而且会对困难挫折采取逃避的态度，这样的人当然也就很难成功了。

人生忠告　要做好一件事，必须要经过艰苦的奋斗。

要获得一种本领，必须要经过艰苦的磨炼。在困境面前，怕吃苦的人肯定不能成功。创业中，一帆风顺未必是好事情，没有吃过苦的人，很容易被突如其来的困难吓倒。一个人如果身体上不怕劳累，心理上不怕折磨，事业中不怕挫折，奋斗中不怕艰险，那么，还有什么理由不成功呢？所谓"苦尽甘来"说的就是这个道理。

2. 主动出击永远是最好的防御手段

这是一个空前绝后的时代，在残酷无情的优胜劣汰的商海之中，一个聪明的人不会坐在家里"守株待兔"，而是善于抓住机会，主动出击，赢得胜利。

每一个机会都是宝贵的，稍纵即逝，因此，要善于发现机会、善于捕捉机遇，当机遇来临时，不要犹豫不决，要立即行动。

人的一生当中，真正适合你的机会其实并不会很多，错过一次机会，人生便错过了一次提升层次的转机，当所有的机会都被你在蹉跎中错过，结果可想而知！在这个经济高速发展的今天，竞争和机遇是并存的，只有在机遇面前当机立断，你才会在高手如林的竞争中永立不败之地。

每个人都有自己的理想和目标，都希望自己的价值能得以实现。然而，要想实现这一切也很简单，关键是你是否敢于伸出双手，抓住机遇；也在于你是否即使迈出双脚，迅速行动。很多人因为胆小怕事或者畏首畏尾等各种原因，错失良机，这能怪谁？机遇来临，就要迅速行动起来，在它溜走之前就采取行动，那么，幸运之神就降临了。

有的人因为抓住了机遇而"柳暗花明"，从而摘取成功的桂冠；而有的人因为与机遇擦肩而过，从而"山穷水尽"，甚至有人为错过机遇而遗憾终生。人生就是这样，谁抓住了机遇，谁就抢占了先机，成功的大门就向他敞开。

机不可失，失不再来；机会是可遇而不可求的，能不能抓住当前的机遇，主动权就在自己的手中，往往只有目光敏锐、勇敢果决的人才能获得它，抓住它。当机会来临的时候，一定要适时出击，决不放过任何一次机会。

很早以前，有个人看到天空中飞着一只大雁，在准备拉弓射雁时，他嘴里说着："射下这只雁回去煮着吃。"他弟弟听到后争执说："在地上不动的雁应该煮着吃，会飞的雁应该烤着吃才行。"弟兄俩相互争执的不可开交，并向母亲告状。母亲要他们把雁分开，一半煮着吃、一半烤着吃。等他们再去射雁时，那雁早已飞得不知去向了。

机会只有一次，稍纵即逝。因此，懂得这个道理的马云从不让机会从身边溜走。2005年8月10日，阿里巴巴雅虎在北京宣布签署合作协议。阿里巴巴收购雅虎中国全部资产，阿里巴巴还获得雅虎品牌在中国无限期使用权。

在这一系列事件的背后，马云无疑成为业界驻足的焦点。而在接手雅虎中国之后，阿里巴巴几乎成了所有互联网公司的敌手，但其风格还是一如既往地主动出击。对此，马云说："这是个非常难得的机会，不抓住会终身遗憾，何况我已经等了7年！"不仅如此，马云又在当年十月份宣布淘宝网将以10亿元人民币再免费三年，欲以免费的营销策略来圈得更多的用户。这一举动更是为马云带来了巨大的经济效益。

马云说："适时出击很重要，我练过太极拳，太极拳要求专注，别看绕来绕去，其实瞄准的目标都只是一个点，而且选择适时出击。所以在金庸小说里，我特别欣赏黄药师的出场。所有人都不怎么在意这个老头，没有防他，黄药师突然一招将我认为最能打的人扔到河里。所以选择什么时候出手很重要。"

也许有许多人在走到生命尽头时，会感慨如果有第二次选择的机会，自己一定会更加努力，更加珍惜选择的机会、更加珍爱生命。

其实，每个人生活中的每时每刻都充满了机会。你在学校或大学里的每一堂课是一次机会；每一次考试是你生命中的一次机会；每一个病人对于医生都是一个机会；每一篇发表在报纸上的报道是一次机会；每一个客户是一个机会；每一次商业买卖是一次机会……你所要做的就是在机会来临之时，适时出击，抓住每一次机会。

罗曼·罗兰说："如果有人错过机会，多半不是机会没有到来，而是因为等待机会者没有看见机会到来，而且机会过来时，没有一伸手就抓住它。"如果是机遇没有光顾你，或许还可以借眼力尚浅而自我解嘲，如果机遇已经叩响了你的大门，倘若因为你的迟缓和徘徊而让机遇失之交臂，那么可以肯定地说，悔之晚矣！要明白，机不可失，失不再来。

另外一家世人皆知的公司——比尔·盖茨的微软公司，开始时也只是一间小公司，完全无法与IBM竞争，但比尔·盖茨懂得"不够实力成为竞争对手时，就先成为朋友"的法则，主动靠近IBM，积极争取IBM的订单，并最终取得了成功。

微软公司正是借助IBM的力量，才强大了起来，而IBM数年后才反省到他们的自杀行为。

这是一个快速变化的世界，机会稍纵即逝，因此，看到了机会，就要马上行动，死磕到底，不达目的不罢休。

人生就是一场战斗，假如你因为胆怯、懒散而害怕战斗，拒绝战斗，随波逐流，也就只能永远过穷日子，永远活在对那些成功者的羡慕和嫉妒中。机会对每一个人都是平等的，主动出击，先行一秒，就先一秒到达。

许多人爱抱怨自己的命不好，没有遇到发财的机会。实际上，这个观点极其错误。一个人如果不积极进取，即使遇到再好的机会，也难以抓住，即使机会躺在你身边睡觉，你也还是一样会错过。

就像周星驰的台词："曾经有一个机会就在我的面前，可是我却没有珍惜，当失去的时候，才知道后悔莫及，世界上最痛苦的事情莫过于此。"人生中不是没有机会，而是需要你用积极的思维、敏锐的感觉去发现机会，并主动出击去把握机会。

"机不可失，失不再来"对于企业有着非常重要的意义。市场竞争已经使各行各业的利润空间越来越小，只有把握难得的机会，尽量争取利润最大化，才能使企业得以生存和发展。

2003年，中国遭遇了突如其来的非典袭击，很多人为了躲避非典，都被迫呆在家里，以至于人们的出行和购物受到了很大的限制，为满足自己的需求，很多人选择了通过网上购物这一途径。在这么危险的一个时刻，虽然阿里巴巴的办公场所也被隔离，但马云却克服重重的困难，让公司的业务照常进行，让电子商务发挥了它潜在的巨大能量，成功的将这次挑战变成了机遇。

从2003年3月份开始，阿里巴巴每天新增会员3500人，比上一季增长50%，而大量的老会员也强化了在网上贸易的使用频率和程度；每日发布的新增商业机会数达到9000至12000条，比2002年增长3倍；国际采购商对商业机会的反馈数比上一季增长1倍；国际采购商对30种热门中国商品的检索数增长4倍；中国供应商客户数比2002年同期增长2倍；每月有1.85亿人次浏览；240多万个买卖询盘（反馈）；来自全球的38万专业买家和190万会员在通过阿里巴巴寻找商机和进行各种交易。

据有关数据统计，阿里巴巴的业务量在非典期间增长了6倍，也就是在这一年，抓住了机遇的阿里巴巴实现了一天收入一百万元；2004年，阿里巴巴又实现了一天利润 100 万元。

　　愚者错失机会，智者善抓机会。一场由于非典带来的危机，给许多企业造成冲击的时候，陷于完全被动局面的阿里巴巴，却把它转化为一种挑战，并取得了意想不到的成功。抓住了机会，成功就是这么简单。

　　可以毫不夸张的说，一个机遇，可以使一个人在一夜之间发生改变。机遇，是一个成功的不等式，它让一切不可能变成了可能。小溪抓住了源头活水的机遇，成为了大泽；种子抓住了土地肥沃的机遇，成为了参天大树；人类抓住了火种的机遇，成为了世界的主宰。抓住机遇，加上努力，那么你就可以创造成功了。一个好的机遇等于成功的一半，认真的做好准备，抓住从你身边溜过的每一个机会吧！

　　守株待兔的故事大家都知道，那个坐在那里等兔子的人最终饿死了，为什么会有这样的结果呢？就是因为这个人没有主动出击的精神，把一次偶然的成功当成了一劳永逸的成功。如果他能换一种心态，不是只坐在树下等，而是主动出击去抓兔子，或许他的结局会是另外一个样子。正如那句老话所说，天上是不会掉馅饼的，一切都只能靠自己，否则就会饿肚子，就会死得很难看。

　　在竞争异常激烈的时代，被动就会挨打，主动才可以占据优势地位，我们的事业、我们的人生不是上天安排的，是主动争取的。主动出击就是为了给自己增加机会。社会、企业只能给你提供道具，而舞台需要自己搭建，演出需要自己排练，能演出什么精彩的节目，有什么样的收视率，决定权在你自己。那些优秀的创业者都懂得四处出击，寻找机会，主动出击，主动寻找潜在客户、潜藏的机会，主动打电话约访客户，主动向客户介绍产品，最终把自己的产品销售出去，把业务做大，事业做强。

　　一个创业者在这个竞争激烈的时代，只有主动出击，才能够推动自己的事业，不至于像那位"守株待兔"的人，那样活在幻想中，最终，饿死的只能是自己。

世界是公平的，那些成功的人一定有他们自己独特的方法，失败也一定是有原因的。

世界上只有两种人：一种是观望者，一种是行动者。大多数人都想改变这个世界，但很少有人想改变自己。

巴顿将军说："要想做大事，首先要能够处理小事才行，而且全力以赴。"

英国伟大的作家萧伯纳说："在这个社会上取得成功的人，都是那些善于抓住机会的人，如果没有机会可抓，他们就自己创造机会。"

坐等机遇的垂青是非常危险而愚蠢的。我们每一个人，对待工作，对待生活，对待情感，对待事业都要积极主动地去发现，去寻找，不要总是等待别人告诉自己应该去做什么，应该怎么去做。

所谓"行动创造机会"。人最大的不幸往往源于我们自己的懒散，只有积极果断地克服惰性，才能以主动迎接挑战的行为，收获主动工作的习惯和主动的品格。现在市场的竞争，也就是人才的竞争，大浪淘沙，自己不努力只有被摒弃。主动是为了给自己增加机会，增加锻炼自己的机会，增加实现自己价值的机会。社会、企业只能给你提供道具，而舞台需要自己搭建，演出需要自己排练，能演出什么精彩的节目，有什么样的收视率决定权在你自己。

现实已经证明并将继续证明，市场不是等来的，生意永远不会自己上门，市场也不会自动向对你有利的方向发展。要主动出击，不要怕挫折，怕受伤害，学会主动出击，做事业的主人，这样才不会庸庸碌碌地渡过一生。

等待机会不如创造机会，只要能够主动出击，到处都存在着机会，主动的人掌握先机，开拓市场，被动的人任人宰割，失去市场，机会属于主动出击的人。

机会是带翅膀的，如果你不珍惜，它就会飞走，一旦飞走了，就再也不回来了。生命中又有多少机遇让我们去浪费呢？也许错过了就永远也无法挽回，因此我们要主动出击，努力抓住每一个机会。

人生忠告 在我们的一生中，即使有良好机会来临，也往往是转瞬即逝。"命运无常，良缘难续！"如果当时不把它抓住，以后就永远失去了。假使机会来临，你发觉自己有了拖延的倾向，不管怎样困难，你都应该迅速行动，立刻动手去做。这样一次次机会的累积，你的命运在无形中就会被一点点的被改写。机遇不会在某个地方等你，机遇常常会蒙着神秘的面纱，隐藏起来，你只有适时出击，你才能够接近它，获得它！

3. 男人的胸怀是用委屈撑大的

现在的马云端的是风光无限，成为人们心中的"创业教父"，又是被包括哈佛、斯坦福、北大等在内的众多世界名校请去演讲，又是被布莱尔、克林顿邀请共进午餐，甚至还上了《福布斯》杂志的封面，被笼罩上一层耀眼的光环。

殊不知，每一个成功人士的背后都是心酸和泪水，都是用委屈和痛苦浸泡出来的。马云也不例外。

马云在刚出来创业的时候是做中国黄页的。起步的时候往往是最艰难的时候，马云最困难的时候身上只剩下200元钱。而且当时由于互联网还不普及，大多数企业听都没有听说过互联网，对于互联网自然是半信半疑，哪里还会相信什么"中国黄页"。马云可谓是举步维艰，迟迟不能够打开局面。

虽然后来在朋友的帮助下，陆续有钱江律师事务所、望湖宾馆等一些单位和马云合作，但是，当时国内还没有开通互联网，验证成功的只能靠美国寄过来的打印纸和一个越洋电话。换句话说，马云当时兜售的是一种看不见摸不着的东西，谁又能够轻易相信这种过分"虚无"的商品呢？甚至很多人怀疑马云根本就是一个骗子，推销的难度可想而知。马云当时心中的委屈可想而知。

直到1997年的5月，上海开通了24K的互联网专线，马云才有机会证明自己。这年 8 月份的一天,马云请来望湖宾馆老总等客户以及杭州电视台的记者,从杭州打长途电话到上海联网进行了一次现场的演示,并且让记者全程录像,以此来证明自己的产品。

经过三个半小时的漫长等待,网页才终于下载完毕,电脑上出现了望湖宾馆的主页。客户兴奋了,记者兴奋了,这个宾馆的人都兴奋了,唯独马云却掩面而泣!这里面有幸福,也有委屈!其间马云受了多少的委屈,大概只有他自己知道了。

在创业的道路上,马云遇到的不仅有误解,还有欺骗。1995 年的下半年,有几个自称是深圳大老板的人找到马云,愿意出资 20 万元,做"中国黄页"的代理商。处于资金困境中的马云顿时喜出望外,感觉遇到了福星,于是毫无保留地将中国黄页的核心模式和机密技术全部和盘托出,并且派出技术人员亲赴深圳指导,帮助他们建立系统。

马云无微不至的服务,终于使这几位老板感到很满意,临走时给马云撂下了一句话:"三天后到杭州签合同!"然而,马云直到现在也没有等来这份合同。

后来才知道,这几位深圳老板已经成立了自己的公司,拿出来的东西和马云的中国黄页一模一样。在创业初期,在马云最艰难的时候,这简直就是当头一棒,但是马云忍了下来,"当时真的受不了,但是我还是把它扛下来了"。

马云受的委屈远远没有结束。到了 1996 年,互联网已经成为当时的"热点",许多人都参与到互联网,马云的"中国黄页"也有了很多的竞争对手。可以说当时正是烽火连天,激战正酣。

马云的主要对手是杭州电信。这根本就不是同一个层面上的较量。杭州电信的注册资本有 3 个多亿,拥有非常好的社会和政府资源;而马云的注册资本只有区区 2 万元，社会和政府资源是一片空白。

这是一场公平的竞争吗？不要说企业，就是一个普通老百姓，都能看出谁胜谁负，谁强谁弱。

但是，一山不能容二虎，杭州这么大一块地方只能有一家生存，而且杭州电信利用马云"中国黄页（chinapages.com）"已有的名声，同样做了一个"中国黄页"，不过英文名字叫做"chinesepages.com"。这是一场短兵相接的肉搏战。

可是一头小羊又怎能斗得过老虎呢？为了寻找一条出路，马云决定改变策略，改竞争为联合，增强自己抵御风险的能力，他决定和杭州电信合作。1996 年的 3 月，两家"中国黄页"宣布合并，马云的"中国电信"占 30% 的股份，而杭州电信占 70% 的股份。

可是两家终究不是同路人，这本来就是不得已而为之的"拉郎配"，没过多久，就出现了问题。杭州电信急于利用中国黄页来赚大钱，而马云则认为做互联网公司就如培养自己的小孩，不到时候不能够挣钱。双方分歧日益加深，资本和权势高的一方自然拥有决定权。最后马云只能无奈地选择辞职。

"东打西拼最后却丢了自己的孩子"，马云觉得委屈，心里委实觉得不甘。但是，最后他还是硬起心肠，将自己当时拥有的 21% 的中国黄页股份送给了一起创业的员工，内心无比激愤地离开了重组后的"中国黄页"。

这是 1997 年，这是马云创业的第一次重大失利。但是马云从来没有为哪次失败而掉泪。创业以来，他忍受的各种白眼和闭门羹没法统计。这些事太多太多。每次打击，只要你扛过来了，就会变得更坚强。

马云说："通常期望值越高，结果失望越大，所以我总是想明天肯定更倒霉，一定会有更倒霉的事情发生，那么明天真的有打击来了，我就不会害怕了。你除了重重地打击我，又能怎么样？来吧，我能够扛得住。抗打击能力强了，真正的信心也就有了。所以我现在最欣赏的两句话，一句是丘吉尔先生对于遭受重创的英国公众讲的话'Never give up'（永不放弃），另一句就是'满怀信心地上路，远胜过到达目的地'。"

正是马云将这些委屈深深地压在自己的心底，才最终迎来自己的辉煌。

"一将功成万骨枯"，在现实世界里，马云这样的幸运儿毕竟是少数或者是极少数。根据有关的数据，在美国中小企业中，约有68%的企业在第一个5年内倒闭，19%的企业可生存6－10年，只有13%的企业寿命超过10年。处于经济高速发展的中国，中小企业的命运可能不会这样"残酷"，但不可否认的是，许多创业者都在他们的创业之路上遇到过失败和挫折。

合作伙伴的不欢而散、产品缺乏市场销路、财务危机等等，都是创业者可能面对的事情。在失败和挫折面前，创业者不能失去对未来的信心，更重要的是要学会"笑对失败"。

马云曾经说过一句话："对于所有创业者来说，永远告诉自己一句话：从创业的第一天起，你每天都要面对的是困难和失败，而不是成功。我最困难的时候还没有到，但有一天一定会到。困难不是不能够躲避，不能够让别人替你扛。但9年创业的经验告诉我，任何困难都必须你自己去面对。创业者就是面对困难。"

不知道大家有没有这种感觉，越了解马云的创业史，越觉得有太多的东西让人感到心酸、感到心痛，最终感到心动，整个心都在感动，整个心又都充满了力量。

作为一个创业者，马云受到了太多的委屈，受到了太多的屈辱，经受朋友的误解，忍受"骗子"的骂名，遭受小人的欺骗，无尽的失败，无尽的屈辱……但他没有掉一滴泪，他只能够用"自己的左手温暖右手"；今天，创业者踏上自己的创业之路时，最应该记住的就是马云那句："男人的胸怀是委屈撑大的！"

人生忠告 创业是一种冒险，难免会遇到各种挫折。成功需要经验的积累，创业的过程就是在不断的失败中跌打摸索。只有在失败中不断地积累经验财富，不断前行，才能够到达成功的顶峰。有一句话说得好："为了发现王子，你必须与无数只青蛙接吻。"对于立志创业的人来说，必须有勇气面对困境，敢于与困难接吻。创业者一定要有一种乐观向上的心态。

4. 最大的失败是放弃

最大的失败是放弃，最大的敌人是自己。我们一生中会遇见好多旗鼓相当的对手，那么在你心中最大的对手是谁呢？答案一定是五花八门的。但是，人生中最大的对手其实是自我。

为什么这么说呢，因为有人生就会有挑战，有挑战就会有对手，我们每一次做选择的时候，都要在心中仔细衡量利弊，有时还会为此而困惑不解，寝食难安，其实这就是我们挑战自我的过程。

人生的路走错一步，受伤的只能是我们自己，所以我们会仔细规划行程。但是我们如果和别人对抗的时候，就不会考虑这么多，因为结果无非就是两种，赢或是输。

我们不必花心思去设想遇到的各种情况和解决方法。武侠小说中，见招拆招总比老顽童的左右互博简单得多，同样的原理，和别人博弈，我们至少不用在心里纠结，不用在心里和自己打仗。因此，人生最大的敌人是自己。

每一个人都有两面，一面是优点，另一面是缺点。挑战并战胜了自己的缺点就是战胜自我，也就代表了成功。我们要为战胜缺点的自己鼓掌喝彩，因为我们打败了世界上最大的敌人。

他貌不惊人，从小学到高中毕业，一直成绩平庸，几乎没有一个老师看好他。甚至，他就读的小学、中学都是三四流的。这还不算惨，最具有悲剧色彩的是他考过三次大学,前两次都名落孙山。

对于学习成绩,在众多科目中,他的英语一枝独秀。除此之外,再没有任何骄傲的资本,最头痛的是他有一根"软肋"———数学。而对于他来说,那根"软肋"几乎是致命的,也注定他在求学路上遭遇更多的坎坷和艰辛。

初中考高中时,别人顺风顺水,他却考了两次,其中一次数学得了31分。

31分不是他的最惨记录。18岁,他第一次参加高考,数学居然仅得了1分。当时,他的心境,用"凄凄惨惨戚戚"形容,有过之而无不及。

第二次高考,再次给他几近毁灭性的打击。这一回,他的数学考了19分,总分距离录取线140分。父母彻底失去信心,觉得他不是上大学的料,也没必要再考了。

在众多怀疑甚至嘲弄的眼光中,他选择了默默承受。而后,义无反顾,再次走进高三课堂。

天道酬勤。1984年,命运之神似乎被这个执着的大男孩所打动,他的人生迎来了转机。他跌跌撞撞地考上杭州师范大学外语系,成绩是专科分数,离本科线差5分。仿佛"天上掉馅饼",由于本科班没招满人,结果他居然幸运地上了本科。

28岁那年,他开始实施创业计划。创业起步阶段,为了维持生存,他贩卖过内衣,推销过小商品,饱尝人间冷暖,都咬紧牙关从容走过。

毫无疑问,他不是一个天赋异禀的人。然而,他凭着百折不挠的精神,取得了举世瞩目的成就。如今,身为中国电子商务网站的开拓者、阿里巴巴网站创始人兼CEO的马云,已经名满天下,无人不晓。

在谈及个人经历时,马云说:"我们没有退路,最大的失败就是放弃。"其实，人生何尝不是这样？许多时候，失败并不可怕，因为暂时的失败，是为将来的腾飞历练翅膀，是对经验和教训的积累，是一笔无形的财富。

无论我们做什么，最大的失败，不是遭遇挫折和陷阱，而是轻易选择放弃。我相信，只要有了马云那种永不放弃的精神，就能把一切绊脚石踩在脚下，终究会赢得属于自己的成功。

马云向所有创业者说了一句令人至今难忘的话："从创业的第一天起，你每天要面对的是困难和失败，而不是成功。我最困难的时候还没有到，但那一天一定会到。困难是不能躲避的，也不能让别人替你去扛，任何困难都必须你自己去面对。"

马云说得没错，人生不可能一帆风顺，在你上路时，你就要对路上会出现的各种事情做好心理准备，因为你不确定当你在路上跌倒的时候，会不会有人拉你一把，所以你要有足够强大的内心和抗打击能力，以确保能够拯救于困境之中的自己，不会因为磨难而过早结束自己规划得近乎完美的未来。说到底，不过简单却十分重要的四个字：坚持到底。

马云在创业中曾无数次陷入低谷，但是他却笑着把每次的打击当成生活的玩笑。记者采访时，他这样风趣地说道："每次打击，只要你扛过来了，就会变得更加坚强。我又想，通常期望值越高，结果失望越大，所以我总是想明天肯定更倒霉，一定会有更倒霉的事情发生，那么明天真的有打击来了，我就不会害怕了。你除了重重地打击我，又能怎么样？来吧，我能够扛得住。抗打击能力强了，真正的信心也就有了。"

人生忠告 在我们的生活中，每个人都会经历无数次地失败，但在失败之后，你是否选择了坚持？真正的人生总是在失败与逆境中度过的,在面对这些失败时,如果你选择坚持向前冲,那么你就一定会成为最后的胜利者,你的人生也会因此而辉煌。一次的失败并不意味着永远的失败,曾经达不到的目标也并不意味着永远达不到,每个人都有成功的机会,只要你在失败后多坚持一次,再奋力一搏,也许成功就会向你迎来,失败就会向你低头。

5. 只要不放弃就会有机会

"人最宝贵的是生命，生命对每个人只有一次。人的一生应当这样度过，回首往事，不应虚度年华而悔恨，也不因碌碌无为而羞愧……"

保尔·柯察金的这句名言相信每个人都耳熟成详，但真正能够做到的恐怕寥寥无几。其实，这句话正是对人生最好的诠释，它激励和告诫人们，只要不放弃就永远有机会。

人生当中的起起落落是谁都无法逃避的，虽然失败让人痛苦难当，但绝对不能轻易放弃，因为坚持不一定成功，但放弃一定失败。也许只需要一点点坚持，就能迎来苦尽甘来的一天。

马云曾说过："在互联网最痛苦的时候，我们在公司里面讲的最多的字就是'活着'。我永远相信只要永不放弃，我们还是有机会的。最后，我们还是坚信一点，这世界上只要有梦想，只要不断努力，只要不断学习，不管你长得如何，不管是这样，还是那样，男人的长相往往和他的才华成反比。今天很残酷，明天更残酷，后天很美好，但绝对大部分人是死在明天晚上，所以每个人不要放弃今天。"

有时候，成功只需要一点点坚持，当你越感到困难和困惑的时候，就是你快要取得成功的时候。永不放弃是一种很可贵的精神，但同时也是最容易被大家忽略的一种素质，很多成功的企业家就是靠着长期坚持做一些平凡普通的事情，才渐渐成为一个崛起的巨人。当然，这种素质不是与生俱来的，它需要长年累月的磨练和积累。

马云那种永不放弃的精神在创业之前就已经表现地淋漓尽致，那就是他的三次高考。

相信人们对于木桶原理都不会陌生，木桶的最大容量不在于最长的木板有多长，而是取决于最短的木板。对于正在上学的马云来说，他的短板的长度已经足以使整桶水漏光，这就是数学。

第一次高考，马云的数学考出了一个惊天动地的成绩——1分，全军败北。他对自己失去了信心，打算去做临时工赚点小钱，于是和表弟一起去宾馆应聘，结果却因为身高问题而遭到了拒绝。

后来，马云又历经了几番波折，做过秘书，也做过搬运工，还蹬过三轮车帮杂志社送书。几经辗转之后，马云决定重新参加高考。他报了一个高考复读班，每天过着两点一线的艰苦生活，十分刻苦努力。然而，幸运之神却再次与马云擦肩而过，让他马失前蹄的还是数学这科，这一次他考了19分，总分和录取分数线还相差整整140分。这样的成绩让马云的父母都觉得他已经彻底没有希望了。

然而，永不放弃的马云却不顾家人的极力反对，毅然决然地开始了他的第三次高考生涯。由于父母这次死活都不同意，他只好白天上班，晚上到夜校读书。但即使是这样，周围的人对他也没有了一丝信心。

就在高考前的三天，马云的数学老师余老师对他说："马云，你的数学成绩一塌糊涂，这次只要你能及格，我的名字就倒着写。"马云当然也知道自己的数学底子薄，于是在考数学之前拼命地背公式，考试的时候就用这几个公式套。从考场里出来后，马云心里清楚，虽然数学还是考不了高分，但及格一定没问题。

在别人看来，79分或许是微不足道的，但对于马云来说，却"是运用了独门武功才过去的"。不过，这次成绩并没有让马云具备上大学本科分数的"资本"——因为他的成绩是专科分数，离本科还差了5分。不过，或许正应了那句"自助者天助"吧，上帝对马云还算是照顾的，由于招生名额不满，他最终还是跌跌撞撞地进入到了杭州师范学院本科，专业是外语。

马云说：如果我成功，我成功的原因是什么，我觉得永不放弃，没有放弃。永不放弃，体现了一种积极向上的人生态度，更体现了一种在逆境中绝地反击的钢铁意志，它绝对是一个人走向成功的金钥匙，当然也是马云打开阿里巴巴大门的"芝麻"。

如今的马云，是一个响彻21世纪的人物，是全中国最大的电子商务平台的创办人和首席执行官，是一个成功地打开了互联网大门的企业家。

然而，在这诸多辉煌的背后，又有谁知道马云的创业生涯却是充满了的艰辛和坎坷。从杭州师范学院外语系毕业后，马云做了一名英语教师，六年后他决定下海经商。第一次创业马云成立了海博翻译社，带着和同事一起筹集的3000元人民币，他们先是租了一间房子。结果令他们没有想到的是，光是房租就花去了他们一大半的资金，第一个月下来营业额还不到600元，工资完全没有着落，入不敷出，真可谓亏的一塌糊涂，不得不靠卖小商品来维持运转，但他们还是坚信可以做下去。

1995年，马云的第二次创业项目是中国黄页，这是一个需要依靠互联网来完成的项目。互联网是他在美国的时候发现的，可当时的中国对互联网了解还很少，马云却觉得这里面大有商机，回国后就和朋友商量要做互联网，翻译称"因特乃特网"。

当时知道他要做互联网的朋友一共有24个，结果他们听完之后23个人都持反对态度，只有1人说道："要不你试试看，不行了再回来。"马云一个人又深思熟虑了好几天，最后还是下定决心做下去，他始终都觉得"如果你坚信、如果你觉得有机会那就向前走"。为了让更多的人了解互联网的功能，马云可谓付出了巨大的心血，他出门逮着人就谈互联网，不屈不挠地做客户的工作，在他的不懈努力下，中国第一个电子商务网站终于横空出世了。仅用了7年，会员就多达350万人，收入达到几亿。

不过，马云没有满足于现有的成绩，他又开始了第三次创业，这一次他创办了在中国赫赫有名的阿里巴巴网站，马云当之无愧地成为中国电子商务平台之父。在中国，阿里巴巴的名声不亚于美国的"硅谷"，它已经成为中国电子商务的标志。

人生忠告　"只要你有梦想，不放弃，你就永远有希望和机会。"马云经常用这句话来激励自己和员工们。在他看来，"永不言弃"里蕴藏着巨大的能量和希望，并昭示着成功和未来，是一个企业甚至一个国家振兴的传家之宝。不论遭遇什么困难，只要能以永不言败的态度去对待它，就能攀登一个又一个高峰。在新时代的今天，永不放弃更是代表着人们的拼搏向上精神，值得所有人将它发扬光大。

6. 永不抱怨是一种能力

在生活和工作中，必定会遇到诸多的风雨与磨难，如感情受挫折，工作打不开局面，成绩得不到肯定，价值得不到认同，无端受委屈和猜忌……面对这些困境，我们能保持"不抱怨"的平和心态吗？

比尔·盖茨的这句名言启示我们：在日常生活中，我们要学会以思考替代抱怨，用行动替代牢骚，豁达地面对工作中的各种困难和挫折，勇敢地面对生活的各种挑战，始终保持着蓬勃朝气、昂扬锐气、浩然正气。对一个创业者来说，这是成功的基础；退一步讲，这也是健康人生的必要条件。

如果你研读马云的人生，在前37年里，他的人生就充斥着2个字：失败。37岁之后，他突然飞黄腾达了，秘诀就是四个字：永不抱怨。

马云说："我接触的成功人士进入核爆炸状态，我和这些人打交道，再加上我自己的体会，发现成功的秘诀就是四个字：永不抱怨。"

要做到永远不抱怨，其实非常难，因为抱怨的产生有深刻的心理因素的，有时是因为困难或挫折而产生了情绪不良反应；有时是因为某种需求和愿望被压抑得不到满足；有时是因为遭受某种人际关系或职场工作上的沉重压力等。

所以永不抱怨从某种意义上说，它是一种能力的体现。但提高这种能力也是有章可循的。

曾有一项调查表明，职场中80.5%的抱怨与工作相关内容有关，有21.1%的职场人表示自己抱怨的目的是给自己找个逃避的借口。也就是说，大部分的抱怨其实是没有正确的处理工作中出现的问题。因此要做到不抱怨，除了学会放松心情外，还要学会处理问题的态度和技巧。

有些人总在抱怨，简直是将自己泡进抱怨中了，抱怨社会不公，抱怨交友不慎，抱怨所托非人，反正是怨天怨地怨人。郁郁寡欢，仿佛自己比窦娥还冤。其实，社会是公平的，有得就有失。

那些失去手的人，那些不会说话的人，那些看不到这个美丽世界的人，那些蒙冤而死无法复活的人……他们怎么办？他们能抱怨吗？抱怨有用吗？无论遇到了什么，都不要被抱怨遮住了双眼，不要让抱怨声淹没了别的声音，不抱怨，你就会看到更多的美好，你就会有更多的希望。

在历史的长河当中，很多名人都曾面临失败。华人首富李嘉诚初次做生意时惨遭失败；巨人集团的史玉柱也遭遇过破产之灾；英国的作家约翰克里斯曾经创作过大量的小说，达到了500多部，但在此之前，他遭到过1000次甚至更高的拒绝和退稿；画家凡·高创作了许多好作品，但是在他生前却没有人青睐；史泰龙成名之前，为了求一个小角色被导演拒绝了1000多次……每个人的成功都是有方法的，失败也必然是有原因的，有成功就有失败，任何人在通向成功的过程中，难免会遇到挫折和无奈。

成功是要受多种客观因素左右和制约的，虽说失败者为数不少，但失败并不是世界末日，只要你认真反思失败的原因，总结经验以及教训，调整好心态，找好机会，就能从头开始。

一个人的失败，往往不是因为外界环境的阻碍，而是因为你对环境作出的反应不尽如人意。面对失败的厄运，不是让环境控制自己，而是改变心态，以不屈不挠、坚韧不拔的精神面对困难，那么，你的成功就会指日可待。

世事艰难这个道理世人皆知，生意受挫，市场萧条在任何时候都是正常的。在残酷的失败面前很多人承受不起巨大的心理落差，甚至全盘否定了自己的事业和努力，对事业未来的光辉前景也失去了信心，面对困境束手无策一蹶不振，这样的心态怎么能行呢？

有一段话说：不要以为，你抱怨了，别人能为此而改变；不要以为，你抱怨了，环境会因此而变化；不要以为，你抱怨了，一切会变好；不要以为，你抱怨了，你会更进步；不要以为，你抱怨了，你会更开心。

其实，你抱怨了，只是给自己找了个退缩的理由；你抱怨了，环境和别人并不会改变，或者变得更糟；你抱怨了，反而心情更不好。当你想抱怨的时候，你咽回去，你总有地方可以提高，总有地方可以改进。在任何恶劣环境下，你都在进步，都在提高，你想结果会如何？即使天塌下来，也绝不抱怨。

当一个人开始寻找未来的时候，往往并不清楚自己要干什么、最适合干什么。只有不断尝试，不断失败，不断总结以及反省，才可能守得云开见日出，找到成就事业真正的起点。对于那些坚强的人来说，跌倒一次甚至很多次都不算什么，只要爬起来，同样可以笔直地站在蓝天下，继续向前走。

当我们遇到困难、忧虑、挫折时，不可气馁灰心，应当勇于面对，接受挑战。跌倒了爬起来就是成功，一个人生命的过程就是跌倒了，爬起来，再跌倒，再爬起来的过程。许多时候，人们只会注意光彩夺目的珍珠的美丽，谁去注意蚌的漫长痛苦的经历？如果你就是那个含珠的蚌，总能迎来生命辉煌的一天，还抱怨什么？如果不是，你再抱怨又有什么用？

凡是那些成大事者，他们往往抗挫折打击能力很强，即使在失败与困境中也能做到矢志不移、不屈不挠。这些强者认识到没有失败就不会有成功，失败里面包含着成功，困境中充满着机遇，他们对此有着足够的精神准备，所以能够东山再起。

人生忠告 抱怨是失败的一个借口，是逃避责任的理由。如果一个创业者能冷静面对创业的成败，革除抱怨这种坏习惯，认真对待生活、困境和工作，明确自己的责任，吸取经验教训，努力实践，重新冲击财富之梦，你很快就可以享受到成功的喜悦。

7. 创业者最需要永不言弃的精神

生活是公平的，哪怕吃了很多苦，只要你坚持下去，一定会有收获，即使最后失败了，你也获得了别人不具备的经历。——马云

创业的过程极其辛苦，如果一个人想一蹴而就简直是痴人说梦。如果留心观察身边的人和事，我们不难发现，创业者最需要的是永不言弃的创业精神，因为它推动着一个人的行为和行动。

1992年，马云首次创业，他创建了海博翻译社。第一个月的收入是700元，但房租却高达2400元，比收入的三倍还要多，这对于马云而言无疑是一种讽刺。

为了将海博翻译社维持下去，马云独自到义乌、广州进货，翻译社开始兼营礼品、鲜花等生意，以最原始的小商品买卖来维持生存。

1995年，马云创立中国黄页，马云将自己的六七千元全部拿出来，加上从妹妹、妹夫那里借来的钱，东拼西凑才凑足了2万元，因为钱不够，还把家具变卖得差不多后，攒齐了必需的10万元本钱。当时他只租了一间房间作为办公室，房间里只有一台电脑，钱是一块一块地数着花的。公司的职员也仅有朋友何一兵，马云的妻子，加上自己一共三个人。

在公司注册的时候，互联网公司在中国还没有出现，马云的公司成了全国第一家商业运作的互联网公司。就这样，一家名为海博网络的"皮包公司"成立了。当时他把各个企业的资料搜集到一起，快递到美国，由设

计者做好网页向全世界发布，当时公司的赢利方式是向企业收取费用。

1999年，马云在杭州成立了阿里巴巴公司，由于没有办公场地，就把家当做办公室。他和他的创业伙伴们没日没夜地工作，谁累了就钻进地上的睡袋里睡一会儿。

对此，马云回忆说，如果我成功，我认为成功的原因，就是永不言弃，从不气馁。

敏锐的观察力、果断的行动力和坚强的毅力是成功的必要条件。

你可以用敏锐的眼光去发现机遇，同时通过果断的行动去抓住它，最后你还需要用坚强的毅力将其转换成为真正的成功。因此，永不言弃是一位成功人士不可或缺的素质。"永不放弃"的精神决定了一个人能否持之以恒地坚持到底。

只有做到"永不言弃"，你才能在成功的道路上一直处于领先地位，你才会把艰辛与痛苦看作是人生路上的插曲，一步一步走向成功。一个人若没有一种"永不言弃"的毅力，即便你的创业计划再美好，创业条件再充足，创业对你而言也不过是空想，不会成功。

马云如此，更多其他的创业者也是如此。下面我们来看一位面对失败永不言弃、百折不挠、坚持到成功的创业者的故事。

1927年，美国阿肯色州的密西西比河大堤决堤，一个9岁黑人小男孩的家被冲毁。在洪水即将吞噬他的那一刻，母亲使劲救他上了堤岸。这件事在他幼小的心灵深处留下了深深的烙印。

1932年，从八年级毕业的男孩因为阿肯色州的中学不招收黑人，只好到芝加哥去念中学。因为家境并不宽裕，他的母亲便为整整50名工人洗衣服、熨衣服以及做饭，来换取男孩上学的钱。

1933年夏天，怀揣着家里凑足的那笔血汗钱，小男孩踏上了开往陌生城市芝加哥的火车。在芝加哥，男孩以优异的成绩从中学毕业并顺利读完了大学。在求学生涯中，他受了很多苦，无论是来自经济上的，还是来自身体上的，但正是他生命再生时立下的那个目标促使他一路前进。

1942 年，他创办了一份杂志，由于支付不了 500 美元的邮费，导致他不能给订户发函。一家信贷公司向他伸出了援助之手，但需要一笔财产作为抵押。母亲有一套分期付款购买的新家具，这是她一生最心爱的东西。但为了孩子的事业，母亲最终还是同意抵押了家具。

1943 年，男孩的杂志大获成功，他也终于实现了自己多年的梦想。那天成为了男孩最幸福的时刻。那一刻，男孩哭了，泪水中饱含了人生的酸甜苦辣。

后来，男孩又经历了一段痛苦的日子，他经营的一切似乎都陷入了黑暗。面对巨大的困难和障碍，他已回天乏术了。当他忧心忡忡地告诉母亲："妈妈，这次看起来我要失败了……"母亲果断地打断了他的话，说道："无论什么时候，只要你努力尝试了，就不会有失败。"

就这样，凭借着顽强的毅力，他坚持向前进，足迹遍布了整个美国，因为有一股坚强的意志在支撑着他。果不其然，男孩顺利渡过难关，并攀上了事业的新高峰。这个男孩就是举世闻名的美国《黑人文摘》杂志的创始人、约翰森出版公司的总裁、同时还是三家无线电台的所有者，约翰·H.约翰森。

约翰森的经历告诉我们，命运全靠拼搏，要用奋斗换取希望。想成功，必须要做到以下两点：一是，坚持到底，永不言弃；二是，当你想要放弃的时候，回头看看第一点：坚持到底，永不言弃。

在约翰森看来，失败只有一种，那就是放弃努力。世界上之所以只有一本《黑人文摘》，正是因为约翰森拥有"坚持到底，永不言弃"的积极态度和"持之以恒"的毅力。

成功是属于那些不辞辛劳，不断付出艰苦努力的人的。世界上没有一条可以一帆风顺走下去的道路，一帆风顺不过是一厢情愿的愿望罢了。马云的一句话足以说明这一点："黎明前的黑暗是最难捱的。"想要享受黎明时的阳光，就必须在之前的黑暗中坚持下去。

人生有两杯必须饮下的水，一杯是苦水，一杯是甜水，没有人能例外。

人与人之间的区别，也不过是喝两种水的顺序不同罢了：成功者总是先喝苦水，再喝甜水；而一般人却总是先喝甜水，再喝苦水。在创业的过程中，持之以恒至关重要，每当遭遇挫折，都要告诉自己：坚持下去，再来一遍。因为这一次的失败已成过去式，下一次才是成功的开始。人生的过程也不过如此，跌倒了，再爬起来。只是成功者爬起来的次数比跌倒的次数多一次，而平庸者爬起来的次数比跌倒的次数少一次罢了。最后一次爬起来的人被称为成功者，而爬不起来或者不愿爬起来，失去坚持下去的毅力的人被称为失败者。

多数人最终失败的根本原因就是缺乏恒心，任何领域中的重大成就都和坚韧的品质有关。成功更多地依赖的是一个人在逆境中的恒心和忍耐力，而非天分和才华。成功者布尔沃说过："恒心和耐力是征服者的灵魂所在，也是人类反抗命运、个人反抗世界、灵魂反抗物质的最有力支持。"

人生忠告 对创业者而言，像马云、约翰森那样认准目标，坚持到底，永不言弃才能成功。即使遇到千难万险也不放弃追求，不轻言放弃，不退缩，不向命运屈服。只要你能做到这点，那么你就有机会成为另一个马云，另一个约翰森。

第四章

想法决定我们的生活

企业在经营发展过程中会遇到难以突破的瓶颈，个人在人生道路上也会遇到很多困境和难题。要迅速有效地解决这些问题，必须具备正确的思路。成功者之所以在众多竞争者中一枝独秀，就是因为他们拥有出奇制胜的思路。企业与企业之间，人与人之间的差别，从根本上说都是思路上的差别。可以说，思路决定出路，想法决定前途。

1. 永远创新，绝不盲目模仿别人

随着社会的不断发展，人们的思维观念也一直在改变，有些人一直力图打破旧观念，建立一种与众不同的新观念。这些懂得创新的人，会因自己的与众不同而迅速脱颖而出。

"与众不同"体现出一种独特的思维方式，那就是通过创新，让自己及所做的事情与别人有着本质的不同。正是这种不同，能够吸引更多的目光，甚至达到连自己都不曾想到的效果。

马云离开教职，成为"网中人"。依他自己的说法，完全是一种"意外"。

"1994年底，就有人跟我讲互联网，我似懂非懂。"1995年，马云给浙江省的一个企业做翻译，到了美国，才发现互联网的妙处。马云的第一个问题是：为什么没有中国的东西？过后，他做了一个实验，请朋友做了一个杭州翻译社的网页，结果在三个小时内，就有七个来自美国、日本和德国的读者浏览。

他的结论是：这个东西有很大的潜力和影响力，它将改变这个世界。他说，"我感觉它肯定会影响整个世界，而中国还没有，但到底会怎么样，也说不清楚。没想到会那么快，那么猛，没有预料到5年后发展成这样。"

1995年4月，他创办了"中国黄页"，两年后，公司收益达到600万元人民币。中国对外经济贸易部邀请他出任中国国际电子商务中心的咨讯部主管，而在他的领导下，中心的资讯交流组在 1998 年的业务收益达到 540 万元人民币，纯利达 290 万元人民币。

马云回忆起这段工作经历时，认为自己"受益匪浅"。他说："杭州毕竟是小城市，眼光胸怀小。到了北京后，我学习从全国的角度看问题，眼光更宽，经验也更多，同时更了解全国企业电子业务发展的趋势。"

可以说，1997、1998 年这两年，马云在北京干得很漂亮，但他没有就此满足，而是在寻求更好的发展方向。1999 年，他突然蹦出一个想法，亚洲要有自己的模式，中国要有自己的模式。欧美的电子商务市场，特别是 B2B 模式是针对大企业的，亚洲电子商务市场主要在中小型企业，这两种市场不可能用一样的模式。马云决定创办一种中国没有，美国也找不到的模式。1999 年，阿里巴巴网站应运而生。

一传十，十传百，阿里巴巴网站在商业圈中声名鹊起。但马云知道，阿里巴巴面临着一个巨大的战略选择——国内电子商务尚不成熟，只有利用发达国家已深入人心的电子商务观念，为外贸服务，才是真正利润丰厚的大鱼。于是，阿里巴巴开设了一个专区"中国供应商"，把中国大量的中小型出口加工企业的供货信息，以会员形式免费向全球发布。

此时，至为关键的是找到全球买家。

1999 年至 2000 年，马云不断实施着一个战略行动。他像一只大鸟不停息地在空中飞行，他参加了全球各地尤其是发达国家的所有商业论坛，去发表疯狂的演讲，用他那张天才的嘴宣传他全球首创的 B2B 思想，宣传阿里巴巴。他相信自己就是一台永不停息的发动机，是一台促销机器！

他一月内可以去三趟欧洲，一周内可以跑七个国家。他每到一地，总是不停地演讲，他在 BBC（英国广播公司）做现场直播演讲，在全球著名高等学府麻省理工学院、沃顿商学院、哈佛大学演讲，在"世界经济论坛"演讲,在亚洲商业协会演讲。

他挥舞着他那干柴一样的大手,对台下的听众动容叫道:"B2B 模式最终将改变全球几千万商人的生意方式,从而改变全球几十亿人的生活!"他在哈佛与诺基亚总裁同台辩论,赢得台下上千人起立鼓掌!怪异的长相、雄辩而煽动性极强的口才和超越全球的商业思想,竟然综合交融在这个枯瘦弱小的中国人身上,听众无不为之惊讶。

很快,马云和阿里巴巴在欧美名声日隆,来自国外的点击率和会员呈爆增之势!一个想买 1 000 支羽毛球拍的美国人可以在阿里巴巴上找到十几家中国供应商,了解他们不同的价格和合同条款;位于中国西藏和非洲加纳的用户,可以在阿里巴巴网站上走到一起,成交一笔只有在互联网时代才可想象的生意!

从此,阿里巴巴开始被业界公认为全球最优秀的 B2B 网站。国内外模仿阿里巴巴的网站大量出现,有的直接抄袭,甚至连最后一句"如有问题,请与阿里巴巴联系"也未改掉。一时间在公司内传为笑柄。

在没有一分钱收入的情况下,相继获得了高盛 500 万美元和软银 2 000 万美元的风险投资。

马云开创的为商人与商人之间实现电子商务而服务的模式,被认为是符合亚洲,特别是符合中国发展特点的 B2B 模式,并被誉为是继雅虎门户网站模式、亚马逊 B2C 模式和 eBay 的 C2C 模式之后,互联网的第四种模式。

马云他们果然不久就尝到了甜头。由于抓住了商人最关心的焦点:买与卖,更重要的是简单易用,能找到要用的求购及销售信息,会员纷至沓来。

他说:"过去工作的经验告诉我,任何事情的发展没有商业在背后支撑，很难持久。而资讯科技的发展绝对不是一个游戏，因为如果只是游戏，终有一天游戏会结束。资讯科技的发展，是一场革命，它将改变商业的方式，改变人类生活的各方各面。"

对于将怎么去赚钱的问题，马云有自己的一套："我不希望只完成10%至15%的工作，我们就想我们需要赚钱，这是不对的。我觉得要从中滚出钱来，方法很多，但时间还没到。到了有一天这个网络有500万个会员的时候，还有什么钱是赚不出来的？"

他认为现在互联网的收入模式"不一定很对，不一定是最好的"。

马云说："我想象中的模式应该是非常自然的，应该像自来水一样。人们最早发明电的时候，谁都想不到怎么去赚电的钱，但现在人们用电就很正常。互联网以后会发展到你收费他交费是很正常的。"

"对我自己来说，我要得到的是经验，去尝试本身就是一种成功。哪怕我失败了，也是一种成功。以后我再回去当老师的时候，这是我可以跟学生分享的东西。我成功过，失败过，我经历过。这些是我觉得最有意义的东西。"

马云周围的朋友对他有这样一个评价："这个人如果3天没有新主意，一定会难受得要死。"

马云思维的活跃程度从中可见一斑。连他自己也说："如果我失去了创造性的思维，那我这个人就一点价值也没有了。"

马云认为，互联网能够发展到今天，离不开技术，没有技术创新的互联网一切都是空话。在阿里巴巴公司内部，我们没有把技术人员放在第一线，但是在我们的心里面，技术人员永远是我们公司最重要的资源。我坚信一点，在未来的5到10年内，中国一定会成为世界互联网市场最大的国家。

马云认为真正的互联网公司必须具有强大技术,阿里巴巴首席技术官吴炯甚至认为,是技术引领了商业模式。

他说:"互联网的出现,把一切都打乱了。过去业内对互联网的看法就如当年对软件企业的评价一样,普遍认为尖端技术对于互联网企业毫无价值,但 Google 的成功案例使人们猛然发现,实际上在互联网产业,技术发展是如此重要,凭借技术的优势,能够在行业里树立最大的技术壁垒,可以获得产业最有价值的利益链条,技术已经改变了原有的产业链条。"

事实上,阿里巴巴在创新方面一直做得很好。阿里巴巴的模式就是自己首创的,在国外并没有可以借鉴的。淘宝之所以能够击败 eBay,来自于它对中国市场的了解,而不是去照搬国外的模式;来自于马云一直坚持一点,即如何为客户提供更好的服务。

阿里巴巴 B2B 公司 CEO 卫哲谈到创新时这样说道:"阿里巴巴创新全部来自于客户,我们不做客户不喜欢的创新,我们的创新在于解决客户的问题。包括马总,所有的高管,无论工作多忙,我们都会去走访客户。"

如果要评出 2007 年中国互联网最具价值的项目,非阿里巴巴莫属。她上线仅 100 天就一下子成长为中国最大的网络广告交易平台,运营成绩超过多年老牌联盟。人们从它身上终于了解到马云为什么这样受人尊敬。

这个曾经号称"智慧与长相成反比"的男人,数年精心布局成就今日一番大业。一路走来,披荆斩棘,风浪无数,终究是凤凰涅槃,脱胎换骨。其独特模式被美国十大著名院校的商学院研究,而且还被列入哈佛大学商学院 MBA 的教学案例。

可见,让自己与众不同是创新精神的核心。但是,让自己与众不同,并不是为新而新,而是以大胆的思路解决生活和工作中遇到的困难。任何一个人,只要能够尝试着从不同的角度思考问题、解决问题,那就是一种与众不同。有了这种精神，就会在未来的发展道路上所向披靡，一路前行。

人生忠告 成功者与平庸者最大的区别就是成功者永远拥有创新思维，永远都在寻找让自己与众不同的方法。那些坐拥亿万财富的人，他们思考的并不是如何赚更多的钱，而是如何寻找到一条与别人不一样的路。

2. 个性就是有生命力、创造力

这是一个最张扬自我，最有个性的时代，这也是一个最缺乏个性，最容易失去自我的时代。从来没有一个时刻像今天这样渴求差异，尊重个性。在时代的经济洪流面前，很多时候并没有一个明显的"标尺"和"底线"，大企业时常在一夜之间轰然倒塌；而一些小企业却总能站到巨人的肩膀上耀武扬威，自我陶醉，甚至取而代之。

崔普·霍金斯说过一句话："在这个缺乏个性的时代，一定要确保你的与众不同。"

当前，张扬个性已成为流行的消费诉求，而由此带来的无限商机也正等待着有眼光的投资人去发掘。当前，"跟风创业"已经鲜有市场，创业者只有在追求个性张扬的努力中，才能吸引住顾客挑剔的眼光，只有拥有鲜明的个性，才能使你的生意在残酷的商业竞争中脱颖而出，在减少竞争的同时开拓发展空间。

有个性是好事，怕就怕没有个性，个性就是有生命力、有创造力的，不要给自己的思维、合作伙伴的思维戴上枷锁，加上条条框框的限制，要给大家一个自由的平台，给大家一个个性伸展的空间，当然，这里说的个性是积极向上的个性。

一个企业、一个企业的文化、一个企业的员工、老总都要有个性，有个性才能彰显时代的魅力。但是魅力和个性从何而来呢？有个性最要紧的是有自己的头脑、有自己的特长、有独立自主的思想意识,想到什么就去做,雷厉风行,别总是讨论讨论、思考思考而不去行动。行动创新使你愈来愈有个人魅力,如果你每天的想法都是怎么去模仿别人,那么你没有个性,你的企业同样没有个性。不但要行动起来,还要敢于有新的思路,而良好的个性意味着成功了一半。

被人们视为"异端""另类"的"汽车疯子"李书福,曾经说过这样的话:"别人没做,我们更应该做。即使无力回天,也可留下一个时间上的思考。世界上任何一个能够做大、做强、做好的企业不可能用别人的品牌。我不反对'挪威的森林',但更好的是,我们要在自己的土地上长出雄伟粗壮的白桦林!"在已经习惯了"进口"甚至直接"拷贝"欧美模式的中国,说出这样的话是需要极大的勇气与魄力的。

探索马云的成功模式,总能从无数个"偶然"中寻找到一些"必然"的痕迹:他没有"海归"的耀眼光环,却不乏海外文化的滋养,英文也不比"假洋鬼子"差;他从小成长于"草根"阶层中,对中国的国情有着深刻的理解,就连创业的大本营都定在了他土生土长的浙江——这个中国最庞大的民营企业集中营,在这里他的"土鳖"智慧可以得到充分施展。

其实,马云并不比别人更懂"鼠标",而是更理解"水泥",更理解中国的用人之道。尽管他的商业模式在美国、欧洲都找不到现成的榜样,却实实在在生长在中国这块古老的土地上。

他认为:在商业做法上盲目模仿大公司,这是不少创业者都容易犯的一个错误。不少出身大公司的人,会在自己创业的时候,不自觉地按照大公司的做法建立一些规范制度,等等。

必要的规范当然是有益的,但大公司为了稳妥,一般都比较慢,大公司为这个"慢"付得起代价,但这对小公司来说将是一个灾难。新创业的公司就像是只兔子，却以为自己是个大象，用大象的心态做事，在狼面前慢慢踱步，最后就会被狼吃掉。创业，就意味着你要有创造性的做事方式。

创业公司不仅不要盲目模仿大公司的做事方法，也切忌抄袭其商业模式。那些知名企业在成名之前是什么样的你知道吗？他们是怎么积聚自己的能量，才有了今天的成就？简单模仿它的现实，可能是南辕北辙，这样的公司不是简单模仿就能获得同样成功的。

马云的创新模式得益于他对中国中小企业的了解和马云创业团队自身的成长经验。

我们是异军突起后，就成为在全世界B2B领域里（我们可能现在确实是）的第一位，无论访问量、客户数量都是第一位的，原因很简单，美国都是为大企业服务的，在我想来要为大企业服务是很难的，第一，等到他搞清楚怎么做的时候，他往往会自己做，他会把你甩了；第二，美国的电子商务都是为大企业省钱，我觉得中国要为中小企业服务，因为中国中小企业很多，因为中小企业最需要帮助，就像你可以造别墅，但客户群是有限的，但当你造很多公寓的时候，就有很多人愿意住，所以我是造公寓，为中小企业服务的，中小企业你不能去想办法帮他省钱，因为他的钱已经省到了骨头上面了……为中小企业服务的思路是帮助他们赚钱，让他们通过我们的网络发财……

马云对中小企业进行了详细的调查，他发现，中小企业商人头脑精明、生命力强，相当务实，"他们才不管你什么战略不战略，能让他赚更多钱的东西他就会用"。

如果把企业也分成富人穷人，那么互联网就是穷人的世界。因为大企业有自己专门的信息渠道，有巨额广告费，小企业什么都没有，他们才是最需要互联网的人，而马云就是要领导穷人起来"闹革命"。

在全球化形势下，挑战与机遇并存。就机遇而言，市场上商机无限，但商机已然不可重复。所以，一个创业者也不能过分迷信所谓"成功模式""成熟模式"而去"克隆"它们。

我们必须从国情出发，从自身所处的环境出发，眼观六路，耳听八方，不断地思考、提炼、筛选。这是一个探索的过程，需要置之死地而后生的勇气，但唯有如此才能真正摸索出一套属于自己的模式，实现那个"凤凰涅槃"的美丽神话。

有个性的人，最容易脱颖而出获得青睐，美国国务卿赖斯现在的撰稿人布罗斯是个犹太人，很有个性，刚进白宫时一点地位也没有。白宫内的人一般都西装革履，非常沉稳、内敛，轻易不发表自己的意见，但他却非常"张扬"，着便装，染着一头的红发，平时总要发表一下自己的观点，在白宫，他当时算是个另类，没人瞧得起他。

赖斯上台后，有一次召开会议，她叫大家发表一下自己的意见，大家都没有话说，又是那个犹太人，无所顾忌地大发言论，虽然他说的观点大多是没有什么新意的，但还是引起了赖斯的注意。后来经过考察，赖斯提拔他为自己的撰稿人，从此得到重用，成为最受赖斯和布什青睐信任的人。

无论是一个人还是一个企业，其实都有自己独特的优点，不要总是去羡慕别人，羡慕别人的企业。如果平时眼睛总是盯着别人，看不到自己所具有的优点，就抱怨自己没有用、不如别人，这样是很糟糕的态度，是对自己的不尊重。

一个人，要想以后有一番作为，必须要保住自己的个性，风水轮流转，说不定哪一天就转到你身上，缺点就成了优点。最要紧的是，千万不可一味地跟在别人的后面跑，丧失了自己的个性，这样不管风水怎样转，也永远转不到你的身上。

有这样一个故事，很值得我们思考。有人问李嘉诚，为什么到处投资，做这个，做那个，中国绝大多数人都不成功，你能成功。李嘉诚回答说，手头上一定要有一样产品是天塌下来都是挣钱的，因此，不一定做大，但一定要先做好，一定要与众不同。星巴克的咖啡卖二三百年，一万五千家店开到全世界，就是因为他们有自己的一套。所以，要想赚大钱，一定要有独特想法，有与众不同的买卖。

个性就是生命，就是财富，不信的话，你随便在街上逛一圈，你就会有所开悟。大凡有特色的小店，都是极受欢迎的，生意都好得很。业主也大都是对时尚有着敏锐的嗅觉，对市场信息极其敏感的人，这样才能保证小店的品位长久不衰地立于众小店之中。

这些店主以自己独特的创意、敏锐的洞察力来经营自己的生意，他们坚信，独具慧眼的他们是与众不同的，自己的小店是最另类、最新潮、最富有生命力的。

由此可知，如果你赋予了你的企业和你的产品以独特的个性，就算你的竞争对手可以复制你的产品、服务、技术以及流程，但是却无法复制你的卓越品牌，无法复制你品牌的独一无二、与众不同的个性。

一个人无论是做事情还是做生意都要勇敢，要有自己的个性，正所谓有什么样的市场需求，就有什么样的消费群体。其实我们身边的需求很多，如果你够勇敢你就去尝试，不是失败就是成功，这个世界很公平，你什么也不做，或许连现状也难维持。

你够勇敢么？你敢保持你的与众不同么？敢给自己一个与众不同的人生么？那么请先给自己一个与众不同的思维吧，亮出你的特色，大胆肯定你自己的与众不同,别再一味追求自己更高更强,而是要抓住身边的他山之石,顺势而上。

人生忠告 敢于与众不同,在这个不做第一、就做唯一的时代,把目光从竞争对手身上拉回来,确立自己的独一无二、不可替代。当然,任何东西都要有个度,所谓的保持个性,强调个性化,走个性化路线,需要我们有独特的思路和品味,对自己的计划要做的事情有充分的前瞻和预期,而不是毫无原则地制造噱头,出风头,耍花招。

3. 你的眼光在哪里更为重要

一个企业家经常要问自己的不是"我能做什么",而是"该做什么,到底想做什么"。不是你的公司在哪里,有时候你的心在哪里,你的眼光在哪里更为重要。

阿里巴巴现在是中国乃至世界上电子商务网站的排头兵。可以说,是电子商务成全了马云。但是,马云做电子商务不是出于一时的头脑发热,而是经过慎重考虑后的结果。

创办中国黄页的经历,使马云意识到了电子商务的巨大市场空间。马云这样想是有自己的道理的。1997年,马云曾经在外经贸部中国国际电子商务中心工作过一段时间,这段时间使马云学会了从战略的高度来考虑问题。

经过20年的改革开放,中国中小企业云集,但是他们在商业舞台上一直是一种"弱势群体",这在以出口导向型经济为主的亚洲尤为明显。

亚洲,尤其是中国,是世界的加工厂,是制造业的中心,中小型供应商如过江之鲫,密密麻麻的。但是由于规模、资金、渠道等限制,如此众多的中小企业,面对国际和国内市场,自身无力投入大量资金进行市场推广。因此,很多的小出口商就是因为渠道不畅,打开市场十分费力,从而被一些大的贸易公司扼住咽喉。

马云生活在中小企业云集的江浙地带,对于中小企业的情况很熟悉。

他经常从中小企业的立场来思考这个问题：如果市场上一个茶杯的价格是5美元，而零售业巨无霸家乐福却开价3美元，由于家乐福控制着销售的渠道，所以中小制造企业不得不减少自己的利润，接受这张大订单；而且从另一方面来说，如果家乐福突然取消了这张订单，这家工厂就会陷入困境……

当时，中国尚未入加入WTO，对外的贸易通道主要靠"广交会"、国外展会或者依托既有的外贸关系，很大程度上还受控于香港的贸易中转。所以中小企业只能够接受像家乐福这样大客户的"施舍"和"盘剥"。谁让人家有自己专门的信息渠道、经销机构，有巨额的广告费去做产品和品牌推广呢？

那么，中小企业就只有受人"施舍"和"盘剥"的命吗？中小企业的出路在哪里？马云陷入了深深的思索当中。

马云想到了互联网。他觉得，这些中小企业是最需要互联网的。如果用互联网为他们服务，他们就可以在世界范围寻找客户；只要通过互联网，这些小公司就可以把它们的产品带到世界的各个角落……马云找到了自己的方向，所以下决心舍弃了自己在北京的事业，带领部下回到了杭州，开始了阿里巴巴的创建之路。

从1999年到2007年，一共8年。马云用了8年时间将阿里巴巴从一个资本额50万元人民币的小企业，变为市值逾200亿美元的大企业。

马云的迅速成功，让人叹服、钦佩，但是也有人认为马云的成功纯粹是撞了大运，只是运气好而已。马云也谦虚地说自己是"骑在盲虎背上的盲人"，因为他对互联网科技一窍不通。

马云的成功真的是偶然吗？为什么那么多精通网络技术的精英们都没有成功？是他们都没有好运气吗？

马云曾经说过一句话："如果我马云能够成功，那么80%的年轻人也能够成功！"可为什么那么多人没有成功呢？

除了创业激情，还在于马云有眼光。马云是一个善于发现的人。

马云是浙江杭州人。浙江位于中国经济最成熟的长三角经济圈，这里有中国最为庞大的从事外贸业务的中小企业集群，是中国民营经济最为活跃的地方。

作为土生土长的杭州人，马云对于中小企业的需求有着最为深刻的体会：购销资讯的缺乏、产购信息的不对称，以及国际业务和转口贸易的成本偏高，都是让这些中小企业主十分头疼而又一直没有办法解决的问题。

马云就从这里看到了机会：中小企业使用电子商务将会是未来的一种趋势。马云坚信："互联网对于发展中国家是机遇，对中小企业是机遇，互联网是以快打慢，以小博大。竞争会迫使更多的企业上网。不上网的企业，会老不会大。"

应该说，在电子商务诞生的很长一段时间内，那些最需要电子商务的中小企业主却持一种观望的态度。他们之所以观望，不是由于他们缺乏眼光，而是他们对于互联网这个虚拟世界不信任。

互联网上有一个笑话：谁也不知道网络对面和自己聊天的是不是一只狗。这个问题对于聊天娱乐的普通网民来说，不是一个重要的问题，甚至能够提高上网的趣味。但是对于需要进行交易的企业主来说就不是那么简单了。

现实世界里，做生意肯定要和讲信誉的人打交道才能够放心。但是在互联网上，连"对面是不是一只狗"的问题都不能够解决，谁又知道和自己在阿里巴巴上谈生意的又是什么样的一个人呢？这又怎么能够让人信服呢？

马云又看到了机会。马云要让互联网的商业世界和现实中的商业世界没有区别,都是真实可信的。

马云推出了"诚信通"。2001年的3月,阿里巴巴中文网站部分会员的商铺页面上,出现了一双紧紧相握的蓝色小手,这就是"诚信通"。它的诞生宣告网上信用时代的到来——这是全球第一款交互式网上信用管理体系。

有人对于"诚信通"做了一个这样的比喻:在"诚信通"没有推出之前,所有的商人,无论资金雄厚与否,无论从事何种行业,在身份上都是平等的"草民",等到有了"诚信通",就有了"良民"和"黑店"的区分,等到"诚信通"指数推出之后,"良民"更有了"高级""初级""中级"之分。无疑,这是马云又一张漂亮的牌,而这正是由于马云的独特眼光。

著名的管理大师彼得德鲁克将创业者定义为那些能够"寻找变化,并积极反应,把它当做机会充分利用起来的人"。世界上许多事物都隐含着一些决定未来的玄机,经商也是如此。在创业之时,如果能够对市场走向保持一种灵敏的悟性,培养一种灵动的触觉,就可以更好地分析市场。

社会上任何一种潮流或者趋势,都是由于过去一些很细微的因素积累而成的,我们所见到的一些因素往往是未来的一个大趋势。如果能够准确地预测到未来,就能有方法去按照未来市场的需求,做好准备,抓住机遇,成功创业。

能够发现独特的创业机会是成功创业者所必须具备的一项特质,是成功创业的起点,在某种意义上就意味着创业已经成功了一半。

而技术革新会使与旧技术相配套的产品、市场、服务、机器、制造工艺等一系列的东西都要有新的东西来替代,这就蕴含着机会。所以创业者应该极为关注自己感兴趣的新技术或者技术创新,及时捕捉商机。

创业需要激情,有时甚至需要一时冲动,但是如果在选择项目时,不做调查,只凭自己的想象,或者人云亦云,随波逐流,其结果非但不能够成功,相反还会使自己陷入"万劫不复"的悲惨境地。

如果仅凭想象来选择项目,还会导致创业者对创业失去信心。其实,创业时只要稍做分析,能够结合自己的实际能力和市场需求,多分析市场,就可以避免由于"想象"或"冲动"而导致的不良后果。

人生忠告 很多人总是埋怨没有成功的机会,其实是因为他们没有发现机会的眼光。机会总是存在的,只要你善于捕捉,它往往就在你周围,在成功的道路上,如果你没有耐心去等待成功的到来,那么,你只好用一生的耐心去面对失败。不管是个人生活还是做事业,一开始就做正确的事情,在过程中正确的做事情,都是幸福和成功的保证。

4. 独具慧眼的创意

一个项目，一个想法，如果不够独特的话，很难吸引别人。

1999年是一个春天，互联网的春天。那时候一个月之内会有数以千计的互联网公司出现。冯小刚的贺岁片《大腕》中有一句经典的台词可以精确地描绘出当时互联网的火热场面："你花钱去建一个网站，把所有花的钱后面加一个零，这就直接出售给下家了。"

但是，当时大部分的网站模式都是和新浪、搜狐差不多的门户网站模式。马云不认同这种模式：众多的中小企业主都是文化程度不高的人，如果用门户网站，会影响他们的使用。马云心中已经决定在电子商务领域做一番事业，也明确了自己的服务对象，这些战略的问题已经确定下来。但是网站的具体设计和运营具体该怎么操作，马云心里还没有数，但是有一点已经明确：要让中小企业主都会用。

马云决定采取BBS的模式，他要把阿里巴巴办成一个"网上集贸市场"，虽然不美观但是很实用。

这个想法是偶然之间想到的，很具有戏剧性。还是在马云决定从北京回杭州创业的时候，为了临走之前留下点纪念，马云和自己的团队一起去游览长城。

在长城上，马云看到了许多"某某到此一游"之类的话语。中国人向来有此雅兴，希望给后人留下一个不知道是炫耀还是耻辱的印记。但是这种相当有历史的"留言",却给了马云一个灵感。他认为,这种留言很有价值,虽然很丑陋,遭到人们的谴责,但是很实用,能够收到"前可见古人,后可见来者"的效果。马云把它定义为"BBS 的早期雏形"。

所以,马云坚持选用涂鸦式的 BBS 模式来设计阿里巴巴。马云的设计标准只有一个:只要网站能够实现发布供求信息和行业分类就行,"不要做得太花哨"。网站上线以后,看起来就像一个"网上的集贸市场",与那些经过豪华装饰的门户网站相比,人们的第一印象就是"再也找不出这么丑陋的网站了"。

阿里巴巴的模式就是这么简单,和我们今天习以为常的 BBS 论坛没有什么实质性的区别。当时,没有几个人注意到这种"丑陋之极"的模式。但是,这就是中国最早的电子商务雏形。

马云的设想就是把阿里巴巴做得像大字报一样,谁有商品都可以"贴"在上面卖。马云抓住了商人最为关注的焦点:买与卖。商人只要把自己最需要的求购信息"贴"在网站上就可以了,就像修建一条万里长城,砖是需要所有的商人一块一块地搬,一块一块地建的。在阿里巴巴的网站上,所有的信息都是有需求的商人自己发布的,阿里巴巴只是做一些分类整合、鉴别真假信息的工作。

这正是阿里巴巴与其他网站的不同之处。在阿里巴巴出现之前,所有的网站都是不审核内容的。

不可否认,阿里巴巴的网站是丑陋,但是很实用,很快就引起了一些中小企业的关注。越来越多的企业来到阿里巴巴粘贴他们的"大字报",会员数量直线上升,从 4 万到 8 万,从 8 万到 10 万,直至 100 万!网站上的信息以每天 1000 条的速度增加,覆盖范围达到了全球 180 多个国家和地区。

阿里巴巴成功了,靠的就是马云独具慧眼的创意。

社会是不断发展的,社会需要创新,需要新的事物,旧的事物一定会被新的事物所代替,这是社会发展的必然。创业者明白这一点很重要。因为社会的进步,新的事物不断取代旧的事物,所以他们才会在变化中发现机会,有所创新,取代旧的,成为社会的引导者;所以创业者要不断地刷新自己现有的想法,发现更好的创意,这样才能够不被社会淘汰、抛弃。

在整个市场经济的潮流中,创意显得越来越重要,有着势不可挡的魅力。创意甚至可以决定创业的成败、带来商机的多少。由此可见,要想创业成功,除了天时地利人和等因素之外,还要不断吸取以往成功人士的经验,特别要富有自己的创意。

创意靠的是新颖的想法,需要另辟蹊径,但是绝对不是另类,而是要符合市场的需求。对于创业者来说,要有市场意识,要了解市场的实际需求,并时刻紧跟市场需求来进行开发,才能够获得市场的认可,获得更多的机会,占领更大的市场,达到最显著的效果,得到最大的经济利益。

不断刷新自己的创意,实际上就是一种主动出击。主动出击,就是一种最好的防御。主动打破自己的现有平衡,也打破他人已有的平衡,在不断变化的环境中,迅速出击,赢得胜利。

创业是一个相对比较复杂的过程,更是一个新颖的、创新的、灵活的、有活力的、有创造性的过程,所以不可能一成不变地沿用别人的路子,照搬别人的思想,这样子只能导致失败。原因很简单,只有新颖的东西,才能够吸引人们的眼球,得到他们的青睐,而那些已经被人们熟知的或者认识的东西就很难得到认可。

所以说创业需要一种创意,需要一种新的思路、新的思维模式,不要求是全新的,哪怕只是一个很细微的改变,给人一种与众不同的感觉,就会使创业成功的希望增大很多。有一点,创业者应该注意,创意虽然对于创业成功来讲很关键，但重要的不在于创意本身有多少美妙和新奇，而在于它在多大程度上不可复制、市场潜力的大小以及实施计划的可行性。一个创意很美妙，如果很容易被人模仿，就会很快被淹没，失去新颖性，也就失去了创意的本意。因此，创业者要充分了解市场，了解顾客的需求，不做没有意义的创意。

创意往往在不经意间就给创业者提供了机会，对于创业者来说，创意是不可忽视的一个创业契机。在创业初期，不能靠规模或者高效管理来获得利润，而是要不断刷新自己的创意，以新意取胜。

现在的社会愈加开放，存在着更多的商机，只要你留心，就可以使用自己的创意来获取最有价值的商机。其实，创意并不是一件很玄妙、很高深的事情，只要留意每一个细节、每一个瞬间，你就可以得到一个真正的能够满足市场需要的创意。

马云摒弃华丽美观的门户网站模式，而采取 BBS 式的"网上集贸市场"模式来建设阿里巴巴，其灵感不就是来自于长城上令人厌恶的"到此一游"吗？

人生忠告 要想有好的创意，就要不断学习，在课堂上学习，在实践中学习，在平时多注意学习观察、积累，逐渐培养出对于环境变化的敏感观察力。学习的时候要注意灵活运用，不可死学。模仿别人就是一种很好的学习方法。看到市场上有什么产品取得了好的效果，或者有什么新的发明创造，判断其有好的市场前景，就可以模仿跟进，推陈出新。相似或相同的创意，在不同的时间，不同的地点，针对不同的人群，同样会取得成功。

5. 做自己最熟悉的事情

创业要做到有把握，就必须知己知彼，无论做任何事都要做好事前的调查工作，客观地认清创业所面临的困难，做好最坏的打算，制定好对策，争取使损失降至最低。这样就是失败了也不会有致命的伤害。

如果真的看好了一个自己不是很熟悉的行业，就要好好钻研它。如今是信息时代，可以随时找到大量的有关信息。此外，还可以多和圈内人士多交流，多学习，多去逛逛同行的店铺、公司，和供货商、经销商多交流，同样可以学到不少东西。

马云成名之后，全球的著名学府，包括哈佛、沃顿、麻省理工等世界级顶尖名校都请马云去给他们做讲演。有一次，马云在哈佛做讲演的时候，曾有学生向马云请教阿里巴巴的成功秘诀是什么。

马云很风趣地回答说："我为什么能够成功？原因有三：第一是我没有钱；第二是我对于 Internet 一窍不通；第三是我想得像傻瓜一样。"

马云说的是实话。他刚开始创业的时候的确没有资金，把自己和员工压箱底的钱都拿出来了，也才凑了 50 万元的起步资金。他的确不懂互联网技术，据说他的电脑水平只能够收发邮件，甚至连最简单的 Word 文档都不会打开。

但是有一点他没有说，马云从来不做没有把握的事，这是他成功的一个关键因素。

马云第一次创业是搞了一个海博翻译社。为什么搞这个？因为马云的英语非常棒，毫不夸张地说，"可能当时在杭州是英语最好的一个人"。马云的夫人张瑛曾经开玩笑说："马云说梦话的时候都很少讲国语，80%的时候都是用英语。"马云的英语水平由此可见一斑。正是由于英语好，所以马云搞了一个海博翻译社。

马云之所以搞阿里巴巴，原因就在于他对电子商务熟悉。马云正式下海后搞的第一个项目就是中国黄页，中国黄页实际上就是最早的电子商务。

正是搞中国黄页的经历，使马云认识到了中国中小企业对于信息的迫切需求，使他对于电子商务的模式有了一定的了解，所以做起来才如鱼得水，最终取得了成功。

在《赢在中国》的点评现场，马云在点评一位选手的时候曾经披露过这样一件事："前段时间我跟吴鹰拜访了李嘉诚，他讲了一个事，在座的创业者可以思考一下。有人问李嘉诚凭什么到处投资，做这个，做那个，基本都成功，为什么中国绝大多数人都不成功，而你能成功？李嘉诚回答说，手头上一定要有一样产品是天塌下来都是挣钱的。因此，不一定做大，但一定要先做好。"这就是马云的经营之道，做自己最熟悉的事情。

常言说，隔行如隔山。做其他事情，不懂也没有什么，但是在生意场上，就要冒着血本无归的危险了。因为每一个行业都有自己的核心内容，如果你不熟悉是掌握不了主动权的，"熟能生巧"在创业上同样适用。而且，你不能够吃透某一行业的话，就会在同业竞争中处于劣势，除非你很有钱，能够赔得起，交得起学费。所以，不管做哪一行，一定要不熟不做。

各行各业赚钱的关键，就在"熟悉"两字。熟悉一个行业到一定程度或相当的程度，研究它的规律，吃透它，具备密切的业务关系和一定量的资本，创业成功的概率就会大大增加。如果没有把握贸然投资，太过乐观，一旦大意或者市场发生了变化，就无法应付，最后的结果只能以失败而告终。

作为创业者，无论是从一个行业转入另外一个行业，还是初入商场，从事一项新的行业，都应该先看看自己有没有从事这项事业的能力。如果自己没有这方面的能力，而凭自己的主观臆断，想要"见食就吃"，最终会落得事不久，业不成。

俗话说，商场如战场，稍不小心，就会血本无归，导致创业失败，严重影响自己的生活和事业。所以，创业需谨慎，在开创事业或是拓展业务时，最好是有制胜的把握再动手。

20世纪70年代末，古老的中国打开了国门，实行改革开放，使古老的神州呈现出一片勃勃生机。到了90年代初，随着中国改革开放的总设计师邓小平到南方视察，更是给改革开放吹来了一阵春风。放眼神州满眼春，在这个大好的形势下，中国经济蓬勃发展，蒸蒸日上。尤其是沿海地区，中小企业更是遍地开花，中国成为世界的制造中心。

但是，在一片红红火火的背后，这些中小企业有着自己的隐痛。实际上，他们在市场的食物链中处于一种弱势：产购信息不对称，中转贸易成本过高，由此而被大的贸易公司所欺压。

自小在中小企业最发达的江浙地区长大的马云，敏锐地意识到了这一点。凭着自己对于中小企业和对互联网的深刻理解，他坚信拯救中小企业的最有效办法就是互联网。互联网将会给这些中小企业打开信息之门，给这些中小企业"第二次生命"。

但是当时的互联网都是为大企业服务的，没有为中小企业服务的电子商务。

马云看到了机会：既然所有的电子商务都是为大企业服务，都是为那些"大鲸鱼"保驾护航的，那么我就不去和他们竞争，我要专门为"龙虾"服务。

"听说过捕龙虾致富的，没听说过捕鲸致富的。"在这种理念的支撑下，马云建立了阿里巴巴。从阿里巴巴一开始，马云就定下了明确的发展方向：为全世界的商人建立一个全球最大的网上商业机会信息交流站点，为中国、亚洲乃至世界的中小企业服务！

他的目标很明确也很固执：专门做85%的中小企业的生意。马云坚信："互联网对于发展中国家是机遇，对于中小企业是机遇。"马云找到了互联网的价值——"众多中小企业的解救者"、未来的"救世主"。

阿里巴巴刚成立时，曾经出现过这样一个事情：一位浙江商人，每年都要从国外进口一种设备。有一次，他在阿里巴巴上发了一条求购信息，令他意想不到的是，这家设备的生产厂家就在浙江！

这就是互联网的价值。马云说过："今天要在网上发财，概率并不是很大，但今天的网络，可以为大家省下很多成本，只有你自己才能够替你发财，你需要的就是投资和投入，网络一定会给大家省钱，但不一定今天就能够赚多少钱，赚钱是明天的事，省钱，你今天就能够看得到。"

正是凭借着对社会热点的认识，阿里巴巴才越来越红火，成长为世界级的大公司。

人生忠告 创业之前要深入细致的考察，必须要有充分的计划，做到心中有数，不要做没有把握的事情。如果没有把握就盲目上马，过于乐观，一旦大意或者市场出现变化，就会陷于被动，导致最终的失败。所以，真正想创业，就一定要对某一行业摸熟吃透，不要光凭想象、冲劲、激情做事。

6. 做一个善于发现的人

消费者、客户、社会大众都是通过营销人员来了解企业形象、企业素质、企业层次的，进而认可、接受企业及企业产品，在这个过程中，营销人员扮演着一个重要的角色，他们是公司同客户沟通的直接桥梁。

俗话说"有心人天不负"，指的就是只有对什么事情都注意观察、分析、总结、归纳、提炼，才能使自己的工作有所提高，做一个善于发现的人，才能捕捉到每一个细小变化，才能领悟，才能提高，才能做得更好。市场中的营销人员，就需要具备这样的素质。

有人说，要做一名营销人员，就需要像狐狸一样狡猾，像猎鹰一样机敏，应善于发现周围的每一个有用的信息，对周围每一细小变化都能很快做出反应等等。因为营销谈判的过程，其实就是一个反应速度的比赛，一个智慧的拼比过程，不过这所有的一切都离不开一点：做一个好的营销人员首先要做一个善于发现的人。

从1995年第一次接触互联网到1996年，当马云不可思议地做到了700万元人民币的营业额时，他走进了开发外经贸部官方网站及网上中国商品交易的市场。这期间，马云做B2B网站也越来越成熟，同时还可以利用电子商务为中小企业服务。

马云认为："互联网上商业机构之间的业务量，要比商业机构与消费者之间的业务量大得多；而在商业机构之间，大企业大多拥有自己的营销网络，这样看来，中小型企业对电子商务的需求量要更大一些。就正如捕鱼，捕龙虾，一定要比捕鲸简单方便的多。"

马云发现了这个商机后，1999年他正式创办了阿里巴巴，为中小企业搭建起了一个业务平台。就这样一传十，十传百在中小企业之间传开了，因此而吸引了众多投资商的眼球。

全球著名风险投资机构 Invest·AB 亚洲代表蔡崇信原本是和马云洽谈投资事宜，然而却被网站的前景所吸引，并就任于网站 CFO。当美国华尔街风险投资商得知后，"美国高盛"便决定向阿里巴巴注资500万美元，后来，成功投资了雅虎网站的"软银"董事长孙正义仅谈了6分钟便决定投资2000万美元。

马云的"梦想"在这些巨资的帮助下，迅速的发展起来，商务平台也越来越大，同时注册的会员与点击率更是直线上升。马云的这种"捕虾胜过捕鲸"的想法，使如今的阿里巴巴挤满了成千上万的供应商，就连知名的"美国高盛"与"日本软银"也觉得投资"阿里巴巴"是非常有价值的，这给更多的客户带来了前所未有的方便。

阿里巴巴独特的商业模式与理念，不仅为阿里巴巴赢得了更多的客户，还为阿里巴巴赢得了投资商的信任与青睐。虽然当时的互联网业正属于低潮期，但这并不影响阿里巴巴的发展势头。可见，无论市场是什么状态，总是会有空缺的，而空缺就意味着市场需要，这就是一个很好的商机。很多人抓不住这个商机，原因是很多人都不善于发现。

事实上，商机随时都在你身边，但它只属于善于发现的人，只要你拥有一双善于观察的慧眼，善于做一个市场补缺者和利基者，你就能事倍功半赢得商机。

在这个利益化的社会时代，每个商场人都在不懈地寻求着商机以求利润与财富，但很多人都把眼光放的太远，以为财富不是伸手就能够着的。但其实财富就在我们的身边，商机无处不在，只要你不缺乏发现市场机会的眼光，你就可以赢得战役。

营销首先是一个务实的职业，又是一个最容易衡量工作成效的职业，同时更是一项极其富有挑战性的工作，与其他工作人员相比，营销人员确实背负着更大的工作压力。如何做好营销是每一个营销人员所关注的重点。

生活中，任何一个营销人员似乎都非常忙，有的甚至忙的没有时间吃饭，恨不得一天24小时都用来工作。其实这并非是营销人员的最佳境界，虽然认真努力工作是没有错的，但营销人员更重要的是要做到善于发现，因为他们要与各行各业、各种层次的人接触，善于发现细节问题，谈起话来才可以投机才可以给你的工作带来有效帮助，使你更快地得到成功。

营销人员如此，作为企业家更是如此。1995年，马云因受委托到美国催讨一笔债务。就是这次出行，使他第一次接触到了电子商务，并敏锐地发现了电子商务中的商机。

回到中国，他便召集了他的朋友和妻子成立了第一家互联网公司，叫做"中国黄页"。他和技术人员们把中国企业的产品信息集中了起来，快递到美国，由设计者做好网页向全球发布。同时，他在网上发布的外文翻译社做广告的信息也得到了美国、日本等国际订单。

尽管这并不是真正的电子商务，但这却让马云尝到互联网的甜头，也让他看到了成功的方向。次年，马云便不可思议地做到了700万元人民币的营业额。从此，马云便对互联网的热情一发不可收拾了。

直到1999年，阿里巴巴网站出世；再到2003年，成功创办了淘宝网；2004年，"支付宝"又成为全国最大的独立第三方电子支付平台；2005

年，阿里巴巴收购了全球最大的门户网站——雅虎在华的所有资产，阿里巴巴便成为中国最大的互联网公司。

马云靠他敏锐的嗅觉，果敢的决断，带领着他的团队一步步走向了辉煌，走向了成功。对此，马云说："当所有人都选择做互联网的时候，你应该想想做传统的行业。当所有人都在做传统行业的时候，你应该想想做其他的行业。千军过独木桥，再宽的路也很容易被踩死。"马云这种错位经营的理念再加上他总能发现赢利商机的智慧，使他能够拥有今天的成就。

如果用一种动物来形容这种企业家，那么狼是再适合不过了：敏锐的嗅觉、善于发现猎物、对目标不轻言放弃、合作精神。从某种意义上来说，马云就是一匹让人敬而生畏的狼！

人生忠告 近几年来，随着就业环境的压力越来越大，人们更是觉得商机难寻，能赚钱的机会也越来越少了。从全球的经济状况来看，20世纪90年代之后，全球经济已进入一个微利时代。再加上市场竞争日益加剧，于是便出现了大批行业高增长与低收益的现象。但是这并不意味着，商业机会已消失殆尽，只要你是一个善于发现，仍然可以嗅到别人嗅不到的美味，这是成功的关键所在。

7. 没有思路就没有出路

人与人之间的区别主要是脖子以上的区别——大脑决定一切。——比尔·盖茨

"思想有多远，路就有多远"，正如这句鼓舞人心的广告语所说，一个人能走多远，取决于他能想多远。一个人成功的程度，取决于他胸襟和眼界的广阔程度。

放眼现实世界，世界首富比尔·盖茨、科学奇才霍金、香港华人首富李嘉诚、太平洋严介和、阿里巴巴总裁马云、著名功夫演员成龙……这些人的辉煌和成功给我们留下很多思考：为什么他们能在众人中脱颖而出，创造奇迹呢？

究其原因，就是因为他们身上具有一种东西——那就是与众不同的思路，独一无二、深刻独特的思想精神，所以他们改变了自身的命运，也改变了这个世界。

正确的思路，好的思路，可以影响和改变很多东西，甚至可以改变一个人、一个企业乃至一个国家、一个民族的命运。

现实是最英明的裁判。张瑞敏总结提出的"没有思路就没有出路"的思想理念，如今已经成为海尔集团的重要战略理念，这个重要的战略理念也是海尔独有的创新文化之一。

正是在一系列科学而先进的创新观念的指导下，在20余年的时间里，

海尔从一个亏空147万的街道小厂，发展成为全球营业额上千亿人民币的国际化大企业，20年走过了世界同类企业100年甚至更长时间走过的路。

奇迹般的业绩，不仅使海尔成为国内企业中的佼佼者，而且成为世界企业中的佼佼者，创造了一个令世界震惊的"海尔神话"。

海尔还有一个思路——只有淡季思想，没有淡季市场。

七八月份是洗衣机的销售淡季，海尔经过市场调查分析得出结论：不是夏天客户不买洗衣机，而是没有合适的洗衣机。夏天要洗的衣服也就是一件衬衣、一双袜子之类的东西，用容量5公升的洗衣机，既费水又费电，非常不合算。

据此，海尔开发了一种夏天用的洗衣机，是当时世界上最小的洗衣机，容量为1.5公升，而且有3个水位，最低的洗两双袜子也可以，这个产品一下子就在西方畅销开了。

从1995年开始生产洗衣机到现在，海尔销量在全国始终排名第一，主要原因就是，海尔人的新思路创造了领先的产品，打开了洗衣机销售的新出路。对此，张瑞敏说："我们卖给消费者的，绝对不是一个产品，而是一个解决方案。"

2003年，全球电子商务巨头eBay收购国内C2C老大易趣，实现了强强联合，准备独霸中国网拍市场。面对eBay这个全球电子商务的"巨无霸"，马云没有退缩。2003年5月，马云做出了一个大胆的决定：进军C2C，向eBay易趣挑战！

这个想法是够疯狂的。看看当时阿里巴巴的首席技术官吴炯的反应就知道了这个想法的疯狂程度了。吴炯曾在雅虎美国工作过数年，对于互联网是了如指掌，他一听到马云这个想法就吓呆了："Jack，你疯了吗？我在雅虎跟eBay交锋了那么多年，输得口服心服，那是个非常可怕的巨人……"

马云不怕,怕了也就不是"狂人"马云了。2003年7月,阿里巴巴在上海、杭州、北京同时宣布:投资淘宝网,进军C2C领域!

马云这个决定的确是够"疯狂"的,而且不是一般的"疯狂"!后来,马云到美国华尔街做演讲,此时淘宝已经开始上线经营几个月了。马云讲到淘宝的前景时,基金经理们的表情顿时"180度大转变",甚至有位基金经理,在当场给马云这场争斗下了"eBay will win(eBay 将赢)"结论后,愤然离去。

最后的结果,令吴炯,令这位相信"eBay will win"的美国基金经理大跌眼镜:淘宝网在不到两年的时间内占领了中国C2C市场70%的份额。而那个号称全球老大的"巨无霸"eBay,选择了止损出局。

这个结果是所有人都没有料到的,除了马云,正是马云的疯狂造就了这个结果。路径选错了,你就会死亡,但是大多数人之所以没有成功,并不是由于选错路径,而是由于三心二意,在优柔寡断中浪费了宝贵的资源,断送了自己的前途。

某种意义上,生存已经不是大多数人要考虑的问题,更确切的说法应该是,"只有有思路才能有出路"。

一个"疯狂"的人,很难将某个平衡状态保持下去,导致他连续不断地打破旧平衡,形成新平衡,又打破旧平衡,又形成新平衡……这样"疯狂"的人就会不断进步。

美国一对青年夫妇在用奶瓶给婴儿喂奶时,觉得市面上出售的奶瓶太大,8个月以下的婴儿都无法自己抱住奶瓶吃奶。女方的父亲恰好是一家工厂烧焊产品的检查员,听到他们的抱怨,便顺口说,最好在奶瓶两边焊上瓶柄,婴儿就能双手抓着吃奶了。

一句话启发了这对青年夫妇，他们设法将圆柱形的奶瓶改制成圆圈拉长后中间空心的奶瓶，投放市场销售。结果60天内卖出5万个奶瓶，开业的第1年就收入150万美元。不经意间的一个小小的思路，创造了一个不小的奇迹。

一个小小的改变，一个新的思路，往往会得到意想不到的效果。我们在日常生活中，千万别失去思考力，要打开脑袋，创新思路，接受新知识、新事物。思路变，观念变，局势就变，结果自然大不相同。因循守旧、墨守成规，无论何时何地都没有前途。正所谓："要有出路就必须有新的思路，要有地位就必须有所作为，只有敢为人先的人才最有资格成为真正的先驱者。"

伟大的改革设计师邓小平有一句名言："思想再解放一点，胆子再大一点，步伐再快一点。"

在创业过程中，如果你要想开拓财路，不光要具备审时度势的头脑与眼光，还要能及时打破思想，提升意识形态，更新思路，在思想上创新。我们常说，有什么样的思路，就有什么样的行为；有什么样的行为，就有什么样的出路；有什么样的出路，就有什么样的命运，所谓"思路决定出路，出路决定财路"正是这个道理。

罗兰大师说："市场不是缺少商机，而是缺少发现。"

人生忠告　面临激烈的竞争，我们要勇于打破思维定式，学会发散思维、反向思维、动态思维、超前思维、系统思维，创造性地开拓市场，善于另辟蹊径，巧妙经营，以最快的速度赢得主动权，赢得胜利。市场经济的辩证法告诉我们：只有思路常新才有出路，才能适应不断变幻的时代，墨守成规、东施效颦的经营模式和思维定向在今天已经过时，成功总属于那些思路常新、不落俗套、富有创意、敢于创新、勇于实践的人们。

8. 善于发现"猎物"

消费者、客户、社会大众都是通过营销人员来了解企业形象、企业素质、企业层次的,进而认可、接受企业及企业产品,在这个过程中,营销人员扮演着一个重要的角色,他们是公司同客户沟通的直接桥梁。

俗话说"有心人天不负",指的就是只有对什么事情都注意观察、分析、总结、归纳、提炼,才能使自己的工作有所提高,做一个善于发现的人,才能捕捉到每一个细小变化,才能领悟,才能提高,才能做得更好。市场中的营销人员,就需要具备这样的素质。

有人说,要做一名营销人员,就需要像狐狸一样狡猾,像猎鹰一样机敏,应善于发现周围的每一个有用的信息,对周围每一细小变化都能很快做出反应等等。因为营销谈判的过程,其实就是一个反应速度的比赛,一个智慧的拼比过程,不过这所有的一切都离不开一点:做一个好的营销人员首先要做一个善于发现的人。

从1995年第一次接触互联网到1996年,当马云不可思议地做到了700万元人民币的营业额时,他走进了开发外经贸部官方网站及网上中国商品交易的市场。这期间,马云做B2B网站也越来越成熟,同时还可以利用电子商务为中小企业服务。

马云认为:"互联网上商业机构之间的业务量,要比商业机构与消费者之间的业务量大得多;而在商业机构之间,大企业大多拥有自己的营销网络,这样看来,中小型企业对电子商务的需求量要更大一些。就正如捕鱼,捕龙虾,一定要比捕鲸简单方便的多。"

马云发现了这个商机后,1999年他正式创办了阿里巴巴,为中小企业搭建起了一个业务平台。就这样一传十,十传百在中小企业之间传开了,因此而吸引了众多投资商的眼球。

全球著名风险投资机构 Invest·AB 亚洲代表蔡崇信原本是和马云洽谈投资事宜,然而却被网站的前景所吸引,并就任于网站 CFO。当美国华尔街风险投资商得知后,"美国高盛"便决定向阿里巴巴注资 500 万美元,后来,成功投资了雅虎网站的"软银"董事长孙正义仅谈了 6 分钟便决定投资 2000 万美元。

马云的"梦想"在这些巨资的帮助下,迅速的发展起来,商务平台也越来越大,同时注册的会员与点击率更是直线上升。马云的这种"捕虾胜过捕鲸"的想法,使如今的阿里巴巴挤满了成千上万的供应商,就连知名的"美国高盛"与"日本软银"也觉得投资"阿里巴巴"是非常有价值的,这给更多的客户带来了前所未有的方便。

阿里巴巴独特的商业模式与理念,不仅为阿里巴巴赢得了更多的客户,还为阿里巴巴赢得了投资商的信任与青睐。虽然当时的互联网业正属于低潮期,但这并不影响阿里巴巴的发展势头。可见,无论市场是什么状态,总是会有空缺的,而空缺就意味着市场需要,这就是一个很好的商机。很多人抓不住这个商机,原因是很多人都不善于发现。

事实上,商机随时都在你身边,但它只属于善于发现的人,只要你拥有一双善于观察的慧眼,善于做一个市场补缺者和利基者,你就能事倍功半赢得商机。

在这个利益化的社会时代,每个商场人都在不懈地寻求着商机以求利润与财富，但很多人都把眼光放的太远，以为财富不是伸手就能够着的。但其实财富就在我们的身边，商机无处不在，只要你不缺乏发现市场机会的眼光，你就可以赢得战役。

营销首先是一个务实的职业，又是一个最容易衡量工作成效的职业，同时更是一项极其富有挑战性的工作，与其他工作人员相比，营销人员确实背负着更大的工作压力。如何做好营销是每一个营销人员所关注的重点。

生活中，任何一个营销人员似乎都非常忙，有的甚至忙的没有时间吃饭，恨不得一天24小时都用来工作。其实这并非是营销人员的最佳境界，虽然认真努力工作是没有错的，但营销人员更重要的是要做到善于发现，因为他们要与各行各业、各种层次的人接触，善于发现细节问题，谈起话来才可以投机才可以给你的工作带来有效帮助，使你更快地得到成功。

营销人员如此，作为企业家更是如此。1995年，马云因受委托到美国催讨一笔债务。就是这次出行，使他第一次接触到了电子商务，并敏锐地发现了电子商务中的商机。回到中国，他便召集了他的朋友和妻子成立了第一家互联网公司，叫做"中国黄页"。他和技术人员们把中国企业的产品信息集中了起来，快递到美国，由设计者做好网页向全球发布。

同时，他在网上发布的外文翻译社做广告的信息也得到了美国、日本等国际订单。尽管这并不是真正的电子商务，但这却让马云尝到互联网的甜头，也让他看到了成功的方向。次年，马云便不可思议地做到了700万元人民币的营业额。从此，马云便对互联网的热情一发不可收拾了。

直到1999年，阿里巴巴网站出世；再到2003年，成功创办了淘宝网；2004年，"支付宝"又成为全国最大的独立第三方电子支付平台；2005年，阿里巴巴收购了全球最大的门户网站——雅虎在华的所有资产，阿里巴巴便成为中国最大的互联网公司。

马云靠他敏锐的嗅觉，果敢的决断，带领着他的团队一步步走向了辉煌，走向了成功。对此，马云说："当所有人都选择做互联网的时候，你应该想想做传统的行业。当所有人都在做传统行业的时候，你应该想想做其他的行业。千军过独木桥，再宽的路也很容易被踩死。"马云这种错位经营的理念再加上他总能发现赢利商机的智慧，使他能够拥有今天的成就。

如果用一种动物来形容这种企业家，那么狼是再适合不过了：敏锐的嗅觉、善于发现猎物、对目标不轻言放弃、合作精神。从某种意义上来说，马云就是一匹让人敬而生畏的狼！

人生忠告 20世纪90年代之后，全球经济已进入一个微利时代。再加上市场竞争日益加剧，于是便出现了大批行业高增长与低收益的现象。但是这并不意味着，商业机会已消失殆尽，只要你是一个善于发现的人，仍然可以嗅到别人嗅不到的美味，这是成功的关键所在。

第五章

处好世才能立好业

人生在世为人处事要想兴旺发达，就要像河流一样弯曲地绕过阻碍，才能流淌得长远；也要像弯曲的道路因为盘旋而通向山林的幽深之处。懂得宽容的人必然能得到别人的支持。自尊自重的人才能产生威严，行事小心谨慎的人才能免除灾祸。考虑问题要全面，而行事还要方正，最终达到圆满的境界。适时地做一些标新立异的事情可能会使你的能力与才华在短时间内就能获得别人的认可，这是成就事业的基础。

1. 建立你的人脉关系

很多人总希望关键的时刻"贵人"能够帮上一把，困难的时候"贵人"能够支持一点，迷茫的时候"贵人"能够指点一下，履新的时候"贵人"能够送上一程。"贵人相助"确实是我们获得人生幸福与事业成功的关键。

大情商的最高境界可以用《诗经·小雅·北山》里面的一句话来概括，这就是"普天之下，莫非王土；率土之滨，莫非王臣"。举凡天底下成就大事业的人，大都是"振臂一挥，应者云集"的主儿。

这些人知道自己的知识、智慧、能力、财力、物力、精力、时间都很有限，所以，他们善于组织协调，运筹帷幄，整合资源，"智者取其谋，愚者取其力，勇者取其威，慎者取其慎，无智愚勇慎兼而用之""贤者居上，能者居中，庸者居下，智者居侧"，如此这般，天下人才，地上万物，无不用其极，于是才有"滚滚长江、浊浊黄河、涓涓细流，不惜百折千回，争先恐后，投奔而来，汇成碧波浩淼、万世不竭、无与伦比的壮丽景观！"

登高望远靠的是五岳之巅，高瞻远瞩需要站在巨人的臂膀上。无数事实表明，人脉的高度决定了事业的高度，人脉之路有多长决定了事业之路能走多远。

人脉如同血脉。血脉即血液运行之通道。众所周知，四通八达、错综复杂的血脉网络，是人的生命赖以存在的基础。《灵枢·九针论》中说道："人之所以成生者，血脉也。"在人们追求事业成功和幸福生活的过程中，同样也存在一个类似血脉的系统，我们称它为人脉。

如果说血脉是人的生理生命支持系统的话，那么人脉则是人的社会生命支持系统。常言说"一个好汉三个帮，一个篱笆三个桩"，要想做成大事，必定要有做成大事的人脉网络和人脉支持系统。

我们的祖先创造了"人"这个字，一撇一捺两个独立的个体，相互支撑、相互依存、相互帮助，构成了一个大写的"人"。"人"的象形构成完美地诠释了人的生命意义之所在。一个创业者一定要有一批朋友，这批朋友是你这么多年来用诚信积累起来的，越积越大。

阿里巴巴在一个人到来之前，在资金上已经濒临弹尽粮绝的绝境，而这个人可以说从资金上挽救了阿里巴巴。这个人就是马云一直都很欣赏的CFO——蔡崇信。

为什么说蔡崇信挽救了阿里巴巴呢？这得从蔡崇信的背景说起。蔡崇信本来是瑞典Invest·AB投资公司的副总裁，他本来是代表风险投资公司来跟马云谈投资的，结果被马云的魅力所吸引，临阵倒戈，做了马云的CFO。

作为风险投资界的知名人士，蔡崇信带给马云的不仅是一个财务人才，而是一张"金融网络"。由于蔡崇信在香港工作时间较长，在香港很具有知名度，所以他加盟阿里巴巴，立刻就引起了香港投资界的注意。香港的汇亚基金立即就来阿里巴巴考察，虽然最后由于合作条件没有谈好，双方没有进行合作，但是阿里巴巴的人气已经随着蔡崇信的到来而提高了不少。

阿里巴巴的第一笔风险投资资金来自高盛，这就是蔡崇信的关系所带来的。1999年8月，蔡崇信在为阿里巴巴寻找投资的时候，在一家酒店碰到了一位老朋友林小姐。林小姐是国际知名的投资公司高盛公司香港区的投资经理。她是蔡崇信在学生时代就结识的一位老朋友。

当时，还处于学生时代的他们偶然在从美国回台湾的飞机上相识，成了很好的朋友。后来，由于他们同在投资银行工作，也算是同行，所以一直保持着友好的来往，关系也非常好。两人久别重逢，自然是非常高兴。

在闲聊中，林小姐说起自己正在跑项目做投资。因为当时高盛的目光已经转移到了新兴的互联网行业，所以蔡崇信就问林小姐，高盛有没有兴趣对阿里巴巴这样的公司进行投资。

林小姐爽快地答应前去考察，结果对阿里巴巴非常满意。而对投资商一向很挑剔的马云，考虑到高盛的国际背景以及在投资界的地位，决定接受高盛的投资条件，同意合作。就这样，在蔡崇信的帮助下，已经山穷水尽的阿里巴巴拿到了第一笔投资500万美金。

第二笔投资同样离不开朋友的帮助。这次是一位名叫古塔的印度朋友帮助了马云。1999年的10月，也就是拿到高盛的500万美金之后两个月，古塔非常神秘地找到马云，说北京有一位"神秘人物"要见马云。

当时马云还不知道这位"神秘人物"是谁，到了北京古塔才告诉他这位神秘的人物就是大名鼎鼎的孙正义。大家已经对这次会面有所了解了，经过"最经典的6分钟"，马云拿到了软银的2000万美金。

俗话说，多个朋友多条路。一个人要想成功，光靠自己的力量是远远不够的，必须依靠或者是借助别人的力量。我们观察身边的成功人士，他们除了忙于正常的工作和生意，大部分业余时间用在了广交朋友上。因为朋友就是信息，朋友就是商机，朋友就是创意，朋友就是提携，朋友就是建议，朋友就是专家，朋友就是灵感，朋友就是财富……

为什么那些亿万富翁赚钱那么快？因为他周围的圈子会给他带来大量的机会。这些年读诸如 EMBA、总裁训练班等培训的人是越来越多，诸如高尔夫球会等各种贵族俱乐部也越来越多，为什么大家要花上几十万甚至上百万去学习？EMBA、总裁训练班里面讲的东西其实大家都明白，关键是人脉。

通过这种同学圈子、会员圈子来拓展人脉，给自己带来更多的机会。最有意思的一个现象就是在一般人看来，越是成功的人，越注重人脉。其实是相反的，因为这些人看中人脉，所以他们才能成功。

你在公司工作最大的收获不只是赚了多少钱，积累了多少经验，更重要的是你认识了多少人，结识了多少朋友，积累了多少人脉资源。这种人脉资源不仅对你在公司工作时有用，即使你以后离开了公司，它仍会发生作用，成为你创业的重大资产。

假设你是个业务经理，那么，你的最大收获就不只是工资、提成以及职务的升迁，更重要的是你积累起来的人脉资源。拥有它之后，你就知道自己在创业过程中一旦遇到什么困难，该打电话给谁。人脉资源是你终身受用的无形资产和潜在财富！

人脉资源对成功的意义很多成功的商界人士都深深意识到了。美国成功学大师卡耐基经过长期研究得出结论："专业知识在一个人成功中的作用只占 15%，而其余的 85% 则取决于人际关系。"因此无论你从事什么职业，学会处理人际关系，掌握并拥有丰厚的人脉资源，你就在成功路上走了 85% 的路程，在个人幸福的路上走了 99% 的路程了。

无怪乎美国石油大王约翰·D·洛克菲勒说："我愿意付出比得到天底下其他本领更大的代价来获取与人相处的本领。"人脉中的贵人可以一下子打开我们机遇的天窗，让我们拨云见日，豁然开朗，直接进入成功的序列和境界；他可以大大缩短我们成功的时间，提升我们成功的速度，使我们站在巨人的肩膀上。

有人总结说：对于个人，20—30岁时，靠专业、体力赚钱；30—40岁时，则靠朋友、关系赚钱；40—50岁时，靠钱赚钱。由此可知人脉竞争力在一个人的成就里扮演着何等重要的角色。

人生忠告 在如今这个讲究双赢、多赢的时代里，一个孤军奋战的英雄是难以成就大业的，只有通过强大的人脉平台，才能造就传世的伟业。因此，为了更有力地拥有财富，"人脉健身"就成为了每一个想要获得成功的人，不得不修的一门"功课"了！

2. 用人最大的突破在于信任人

阿里巴巴、淘宝网、雅虎中国、阿里妈妈等之所以能在中国网络史上独树一帜，甚至在亚洲和世界网络史上占据要位，这和他们善于用人是分不开的。

"用人不疑，疑人不用"正是他们用人原则，马云深知其中的深浅，所以即使遇到年终发生亏赔，只要不是人为失职或能力造成的，他不但不加以责怪，反而多加慰勉，立即补足资金，令其重整旗鼓，以期扭亏为赢。正如马云自己所说的那样："用人最大的突破在于信任人。"

马云用他对员工的信任创建了阿里巴巴的坚实基础，他对所有的阿里人都是非常信任的，在他看来，信任自己的员工是走向成功的第一步，是企业用人的第一标准。马云曾经对马小霞说："女性创业一个最大的挑战就是用人，而用人最大的突破在于信任人，所以，这个是我的建议。"

1999年，经过艰难的选择，下定决心回杭州创业的马云约齐了自己团队的全部人马，向他们说明了情况，并且给出了三个选择："第一，我推荐你们去雅虎，而且保证你们工资会很高；第二，我可以推荐你们去新浪或者搜狐，工资也很高；第三，我们一起回杭州，从零做起，每个月只有500元，你们要自己租房子住，而且要离我家5分钟之内，不能够打出租车，必须在我家里上班，而且是成功还是失败，我也不知道。我希望你们能够在三天之内给我一个答复。"

必须说明的是，在 1999 年，能够进入雅虎等大型门户网站是大多数人梦寐以求的事情。他们做出前两个选择也是人之常情。

但是仅仅 5 分钟，他们，包括马云夫人张瑛在内的曾经共患难的团队成员，就做出了一个令马云感动一生的选择：我们和你一起回杭州去！

马云的话也很简单："欢迎，但是只要你们别后悔。"当时那一刻，马云的心里一定会有一股暖流涌过，也就在那一刻，马云对大家也对自己说："朋友从来没有对不起我，我也永远不会做对不起大家的事情。我们回去，从零开始，建一个我们这一辈子都不会后悔的公司。"告别北京前，马云带领大家游览了一次长城，也算是对北京留下一点回忆。

在离别北京的最后一晚，大家在一个小酒馆，怀着对未来的期望和对北京的留恋，纵情高歌，纵情痛饮。他们都有一种悲壮感：风萧萧兮易水寒，壮士一去兮不复还！

那一晚的离别，成了阿里巴巴人心中永恒的记忆，成了阿里巴巴团结的象征，以后不管遇到什么艰难险阻，遇到什么挫折失败，只要一想起那一晚的离别，大家心中就会充满希望，充满激情……

回到杭州，在湖畔花园的创业誓师会议上，马云站在一张桌子上，对十八罗汉进行鼓劲："黑暗之中一起摸索，一起喊，我喊叫着往前冲的时候，你们什么都不会慌了。你们拿着大刀，一直往前冲，十几个人往前冲，有什么好慌的！"

大家砸锅卖铁，来凑创业的起步资金，他们或者回老家借钱，或者把自己的压箱底钱都拿了出来，总算凑齐了 50 万元。然后再接受一个月只有 500 元的工资，还有马云的"特别条款"：你们只能做个连长、排长，团级以上的干部得另请高明！

大家怀着一种创业者所特有的革命乐观主义精神，没日没夜地干活，连续十几个小时连轴转是常有的事情。唯一的娱乐就是在实在累的时候，大家玩会儿扑克，斗会儿地主，输的人要往脸上贴纸条，往往马云脸上被贴得像个白眉白须、仙风道骨的"风清扬"。有时候，大家也会坐在小区的凉亭里，听马云为大家讲解当今的互联网的形势，以及阿里巴巴的美好前景。

那段时期，后来被大家戏称为"阿里巴巴的井冈山时期"，阿里巴巴就是在那里点燃了电子商务的星星之火。那个时候，大家掏尽自己的钱，无条件地跟着马云朝着目标前进，他们心无杂念，就是觉得跟着马云走，哪怕失败也在所不惜。

阿里巴巴即将迎来自己的十岁生日，这十年中，阿里巴巴伴随着中国的互联网，经历了从春天到寒冬，再从寒冬到春天的四季轮回；也经历了从海外到国内，再从国内到国外的曲曲折折。

但是，无论遇到什么样的困难，无论遇到什么样的曲折，这十八罗汉始终坚守在马云身边，坚守在阿里巴巴的岗位上，说是生死相随一点都不过分，而且作为公司的元老，总是受到马云的"特殊照顾"。马云在阿里巴巴成立的第一天就发下"狠话"："如果要开除员工，首先要开除创业者；如果要杀人，首先从你们杀起。"

十八罗汉的情谊是马云一生中最宝贵的财富，也是阿里巴巴公司精神的象征。正是这种精神感动着阿里巴巴的全体员工，激励着大家一起努力。在这种精神的感召下，蔡崇信、吴炯、曾鸣以及哈佛的精英等等，都纷纷投入到阿里巴巴的阵营。

十八罗汉也是马云一生永远的骄傲，永远的坚强后盾。马云从来不怕有人高价来挖墙脚，因为他相信，这些患难与共的兄弟是不会离他而去的。不过，马云会时不时地揶揄他们一下："同志们，他们要是只出3倍的价钱我看就算了，要是肯出5倍嘛，我看还是可以考虑一下的！"

在寻找自己的合伙人的时候，最重要的一点就是互相信任，坦诚相待。合伙人的创业理念不可能完全一致，个人意见很可能不被其他人采纳和接受。如果大家都能互相信赖，坦诚相待，相信彼此都是为了把事业做好，自然不会搞出其他的事情。

互相信赖是合伙成功的基础条件。如果一个人，你觉得他没有诚意、居心叵测、缺乏能力，总之和你心里的合伙人形象相悖就不能与之合伙，更不能与他相互信赖。但如果经过仔细调查和观察，觉得他可以信赖，是你理想的合伙人，就一定要推心置腹，充分信任。

当然，相信他人，在生意场上是要冒一定风险的。然而，除非你不打算合伙，否则就必须相信你的合伙人。一定要有"用人不疑"的气度，才能使生意有更大的发展，千万不可疑神疑鬼。一个各怀鬼胎的合伙生意，绝不可能做得长久。

对于一个企业家来说，说话不是难事，但要落到实处更是难上加难。欲做好一个管理者，首要任务就是会用人。在用人的过程中，决不可学项羽，怀揣妇人之心，要学就要学刘邦的用人策略，大气恢弘，不拘一格降人才，只要有真才实学之士，便充分信任，放手使用，按功论赏。所以，张良、萧何、陈平、韩信等历史名将，助刘邦成就了帝王霸业。马云也是把信任作为用人的第一标准为准则，走上了成功，创造了网络帝国。

纵观古今，大凡有权之人，都有疑虑之心，眼睛老是窥探着周围的人，生怕出了反叛者，结果以自己的猜忌来对待别人，周围的人便没有一个可以依赖的。比如秦末农民起义领袖陈胜就是一个多疑的人，他用而疑之，每派用一人，遂又派人监视之人。结果最后弄得众叛亲离，本来忠心耿耿之人，也因为这猜忌，不叛、不反也得叛或反了，最后只能以失败而告终。中国的兵书中说："三军之灾，莫大于狐疑。"用人上的灾，也可以说，莫大于猜忌。

托马斯·萨乔万尼说："要改善我们的收获，就意味着要改善我们的眼光。"的确，眼光决定视野，视野决定高度。要想成就事业，首先就得在用人方面有眼光。万军易得，一将难求！看准人，大胆使用人才，并在人才的使用中，给予最充分的信任、关怀、和引导，包容每位身上的缺点，做到扬其所"长"避其"短"，不苛求人不诋毁人，在真诚的帮助和欣赏中完善他人的人格，同时也完善自己的人格，这才是管理的得道之处。

在用人决策中，马云认为疑人不用乃是至关重要的一步，觉得这个人可疑，觉得自己用了他不能让自己放心，总会捅个篓子下来，最简单的办法就不要用他。其实，作为老板，应该具有容人之量，既然看中了人，就要充分相信他，放权放胆让其有施展才华，改正错误的机会。在这一方面上，马云无疑是成功的实践者。

"用人不疑，疑人不用"几乎是中国人的一大传统，也是中国官方和企业、商业等管理层用人的标准，因为不疑，所以放心，所以可以出成绩，所以事业可以延续发展。

刘备，他"弘毅宽厚，知人善任"，从不怀疑忠心耿耿的部下，刘、关、张、赵、诸葛几乎一起谱写了天下亘古传奇，因而，刘备的家业号称是亲情凝聚的典范。

张飞，可以腥风血雨先打下一块小地盘，等着刘备来做主当家；赵云，可以冒生命危险，抢救刘备的儿子，维护刘备的家人完整；诸葛亮，受刘备临终重托，"鞠躬尽瘁、死而后已"……这正是刘备在用人方面有着一套让人佩服原则，那就是信任。而不少老板的用人标准却是"且疑且用"，处处防着自己的员工，一次次不把员工当自己人，狗急了还会跳墙呢，老板这样做，哪天把员工逼急了，只能落个两败俱伤的结果。

掠夺员工的利益，员工可以退让；漠视员工的需求，员工也可以忍耐，但"君视臣为土芥，臣视君为寇仇"的劳务关系肯定长久不了。敬业的员工和负责任的单位之间，谁是因谁是果就难以分辨了。

因此，无论从哪个角度来讲，在商场都应该宣扬"用人不疑，疑人不用"的用人法则。而马云无疑是最虔诚的宣扬者、守护者、实践者。

人生忠告 其实，企业在用人方面有许多做法，但要使人才充分发挥自己的聪明才智，信任是最为重要的。信任才是用人的第一标准，简单的一句话，足见其穿透力十足，也很有见地。几十年如一日，马云始终不渝地坚持着"用人不疑，疑人不用"的用人原则。在他看来，既然你选择了他，便不应怀疑，不应处处不放心；如果你怀疑他，你便不要用他好了。用而怀疑，实际上是最失策的。

3. 只有诚信的人才能富起来

　　我认为做企业就应该要诚信，做企业就应该要有使命感和价值观，否则我们没必要那么辛苦。我并不觉得我站在道德的高峰，我只是一个平凡的人，我只是一个创业者。你跟创业者、小企业做的时间越长，就越明白创业者不容易，这个不容易必须去变革。——马云

　　商人往往取利为先，无论何时都喜欢利字当头，正因为如此，司马迁在《史记》中说："天下熙熙，皆为利来；天下攘攘，皆为利往。"利益占据了我们大半个生活。不过君子爱财取之有道，一个人追求利益并没有什么不妥，但是一定要选择合适的方法来取利，其中，诚信是不可或缺的一种品质。

　　做事之前要先学会做人，这是中国的一句老话，商人经商也是这样，因为从经济学的角度来说，经商致富，实际上是将多数人手中的资本聚集到少数人手中，而想要达到这种效果必须懂得取信于人，要在人与人之间建立起信任感。孔子说："信则人任焉。"只有注重诚信，别人才会更加信任你，你也才会得到更多的发展机会。

　　1923年，福特公司某个车间中的一台电机坏了，所有的工程师都束手无策。一个叫思坦因曼思的工程师查看故障后，用粉笔在电机的一个部位上写了一句话："这里的线多了16圈。"众人拆开后，果真如此，机子也很快被修好。

福特公司的总裁亨利·福特知道情况后，准备奖赏这个工程师，可是思坦因曼思是其他工厂的人，来这里只是义务帮忙。福特于是决定高价挖墙脚，尽管思坦因曼思承认福特公司比自己所在的公司要好上几百倍，但是他答应过那家公司的老板不轻易离职，是因为小工厂老板在他最困难时帮助了他。福特为他的忠诚和诚信所感动，于是花钱买下了那个小工厂，同时也顺利得到了思坦因曼思。

现如今很多年轻人中都存在急功近利的现象，总是迫切希望自己尽快成功，能够成为富有的人，因此在创业过程中容易因为过分看重眼前的利益而不顾个人的道德准则。有的年轻人还奉行"无商不奸，无奸不商"，认为只有懂得耍计谋，才能够为自己创造更多的财富。可事实上，世界上没有多少奸商能够真正长久地生存下去，相反的，那些依靠诚信来践行自己理想的人，反而更容易获得成功。

人以信为本，诚信一直就是成功商人看重的品质，而说起诚信致富，近代最为著名的也许就是红顶商人胡雪岩了，而与胡雪岩同为浙江人的马云也是一个非常看重诚信的人。在他看来，整个市场机制应该是让诚信的商人先富起来，而他也是利用诚信来壮大阿里巴巴的队伍，拓展阿里巴巴的市场业务。而在阿里巴巴，最不能犯的错误就是失信于人，这几乎是铁的纪律和规定。

2011年3月，一条爆炸性的新闻迅速占据了各大媒体的头条：阿里巴巴出现交易丑闻，当时阿里巴巴的一百多位员工在明知卖家产品存在问题时，仍然为其认证。这件事惹怒了好脾气的马云，他可以容忍员工工作中出现失误，却不能容忍员工做有损诚信的事情。于是，他向全世界公布了公司的丑闻，然后毫不留情地开除了这些员工。

不仅如此，马云还紧急召开了内部会议，对阿里巴巴网站的卫哲和

COO李旭辉等人进行了批评。因为马云认为自己在金融危机时期吸收了近5000名员工，而这些人缺乏系统培训，很容易犯错。其实，阿里巴巴和淘宝网早就出现了问题卖家，但是一直没能引起高层足够的重视，以至于公司形象受到了很大的影响。

其实，马云知道当时的国际社会对中国产品普遍存在不信任的态度，只要提到"Made in China"，大家就会联想到廉价、安全、质量问题，对食品、玩具、药品都存在诸多误解。马云不希望阿里巴巴陷入同样的困境，这是一个商人尤其是中国商人应该具备的危机意识。何况当时的淘宝网上，几乎可以购买到中国任何产品，如果阿里巴巴出现诚信危机，那么它在开拓市场和走向国际的时候，会遇到很大的挫折和挑战。

于是丑闻发生之后，马云果断辞去了卫哲，而这次人事变动更是震惊了全世界。其实平心而论，卫哲对这件事并不负有直接责任，但是监管不严成为最大的失职。他告诉卫哲："如果你们在6个月前这样做，我现在就不会这样做。而如果我现在不这样做，6个月后，23000名阿里巴巴员工就该开除我了。"

很多人认为这是马云在作秀，但事实上马云所做的一切都是坚持一种经商原则，都是在坚持阿里巴巴的一种价值观，那就是诚信。马云将这次丑闻看成是阿里巴巴有史以来遭遇到的最大挫折，而他之所以会在这次丑闻中有那么强烈的反应，就是因为这件事已经完全破坏了公司辛辛苦苦建立和维系的价值观体系，已经触及了公司最核心的利益，他不得不做出相应的补救措施。

马云一直认为，一个成功的商人、成功的品牌都必须融入诚信的血液，比如"阿里巴巴"实际上就是"芝麻开门"的意思。马云希望通过诚信来打开世界市场的大门，为此在创业之初，他就无数次告诫员工要坚持自己的价值观,不要被短期的利益所诱惑。

马云还在阿里巴巴上开通了"诚信通",让客户在上面记录阿里巴巴的诚信状况,如今"诚信通"已成为非常火爆的品牌,是阿里巴巴的诚信档案。马云曾经说过自己并不是一个多么出色的商人,但从道德方面来说,他绝对是最真诚的商人之一。

对于多数年轻人来说,你也许成不了第二个马云,但是无论做什么都要坚持诚信待人,要懂得取信于人。你可能一时得利,但是却会失去永久的客户,失去永久的市场,更重要的是,你的所作所为会让其他人感到害怕,最终你经营的业务范围只会越来越小。

人生忠告 成功固然需要谋略,但是一切谋略都要以诚信为基础,失去了诚信,你就失去了成功最重要的资本。对年轻人来说,诚信才是最大的财富,将它抓在手中,你才有可能赢得更多人的尊重和信任,才能为自己的生活打开更多的门。

4. 最合适的就是最好的

一些企业常常强调需要最优秀的人才，但世界上没有绝对的最优秀人才，企业更需要最合适的人才。就像鞋子，太小了夹脚，太大了会掉，只有尺寸合适，才会感到合适。最合适的人才就是最好的。

企业需要那些具有敏锐观察力、独特的见解、创新的理念、挑战困难的勇气、非凡的执行能力和善于沟通的领导能力的人才。但是，企业更需要能够认同企业的价值观，接受企业文化，具备企业所需要的工作能力和专业能力，自律守纪，能够完成各项工作，具备良好的沟通能力、合作精神和学习热情的员工。

合适的人才最为重要。最好的人才是最合适企业的人才，但不一定是最优秀的人才，也就是人和企业要相互适应，和谐发展，实现企业和人才之间的双赢。企业能够为人才提供足够的成长空间和学习机会，而人才则必须能够为企业发展尽心尽智尽责。

最好的人才就是最适合自己的人才，最合适的就是性价比最高的。重学历但不唯学历，判断的基石是看他的工作效果。

马云创造了互联网的许多奇迹，建立了一个世界上最大的电子商务网站。但是这并不是马云最得意的地方，马云最得意的是他的团队。他曾经说过："马云的自信不是因为马云，马云的自信是因为阿里巴巴的团队。"马云正是因为有了这支团队，阿里巴巴才成为了一个世界级的大公司。

打造团队是马云创业的第一件大事，比融资找钱还要重要。马云打造团队的过程充分显示了他的用人之道，那就是：合适的就是最好的，不管你是"土鳖"还是"海龟"，也不管你是"旧臣"还是"新人"。

马云用人坚持的原则就是唯才是举，要符合阿里巴巴的用人原则。你是元老，公司不会亏待你，可以给你原始股份，但是你不一定要进入最高的管理层。进入最高管理层的条件是你的能力和品质，是你的成长速度，而不是你的资历。

所以在创业之初，马云已经"丑话说在了前头"："你们只能够做连排级的干部，团长以上的干部要空降来！"

最初和马云一起奋斗的"十八罗汉"，都是阿里巴巴元老级的人物，随着阿里巴巴的发展，他们也出现了职务的分化。如今有四分之一的人进入了最高管理层，成为核心团队成员，而大多数人只能做中层管理人员，还有人至今仍然是普通的技术人员。

但是马云对于这些"土鳖"并没有拒之门外，只要有能力，能够担当重任，同样可以委以重任。孙彤宇就是其中的佼佼者。对于马云"团级以上干部要空降"的声明，孙彤宇的回应是："也许现在是连排长，我们有信心将来变成师长、军长，每个人都需要成长。"

当初，马云把打造淘宝的重任交给了孙彤宇。创办一个和世界顶级公司 eBay 竞争的公司，是一件压力很大的事情。孙彤宇勇敢地承担起了这副重任。

受命之时，马云曾经直截了当地问孙彤宇："淘宝什么时候能够打败易趣？"孙彤宇当场立下了军令状："三年！"

结果，淘宝只用了半年就做到了全球排名前 100 名，9 个月做到了前 50 名，一年进入了前 20 名，到了 2005 年，淘宝的市场占有率达到 80%，彻底打败了 eBay 易趣。

从当初秘密建立淘宝开始,到最终打败 eBay 这个"巨无霸",孙彤宇只用了两年!淘宝的成功,孙彤宇居功至伟。马云也是疑人不用,用人不疑,放手使用孙彤宇。他第一个任命孙彤宇为阿里巴巴的副总裁。2003年,孙彤宇出任了淘宝总经理,成为"十八罗汉"中第一个独当一面的人。

马云有一段时间曾经非常迷信"精英",要求"凡是要做主管以上的位置,必须在海外,如美国、英国受过 3 至 5 年的教育,或工作过 5 到 10 年"。2001 年,他更是建立了一个几乎全部是"海龟"的团队,全面放弃了"土鳖"。

但是以后的事实证明,只靠"海外兵团"是不行的。"海外兵团"对中国国情知之甚少,在这一点上远远不如"本土人才",他本土作战的能力远远不如"土鳖"。马云说:"我请了那么多外国高官,仗打下来他们都死掉了;结果回过头来一看,倒是这帮土八路还在拿着大刀往前冲。"于是阿里巴巴的管理团队从"海龟团队"过渡到了"土鳖军团",建立了只剩下一个海龟的管理团队。

但是当阿里巴巴再次扩张,真正走向国际时,马云发现,"土鳖军团"的战斗力远远没有"海龟团队"厉害,光靠本土团队也不行,还得再引进国际精英。于是,在 2006 年,阿里巴巴终于建立了一支不分新老、不分土洋的第一流的管理团队。

正是由于马云坚持"合适的才是最好"的用人原则,所以才打造出了一支执行力非常强的团队。团队中高手云集、人才济济,目标一样、梦想一样、激情一样,成为阿里巴巴无往而不胜的中坚力量。

人生忠告　俗话说："鞋子合适不合适，只有脚知道。"这句话说得很有道理，任何事情只有自己亲自尝试了，感同身受以后，才能知道适合不适合自己。道理很简单，我们每个人都有自己的个性，都有自己的成长轨迹和发展理想，所以我们选择自己认为合适的，那就是最好的。也是自己愿意去付出努力去做的，这样才会有好的心情和对美的追求。

5. 对你的员工一定要真诚

　　创业者总是感慨管理难。一定程度上，创业者管理难的根本原因还是出在创业者的心态上，直接点说，就是民企管理者缺乏人与人之间应有的"真诚"，怀着纯粹"利用"的心态来管理下属。这样的创业者为数不少，他们在把别人当傻瓜的基础上，随心所欲地利用下属。

　　只是，"傻瓜"毕竟只是极少数，大多数人都是很聪明的，创业者不能一厢情愿地把别人都当做傻瓜，糊弄糊弄就行了。因为，时间一长，下属自然就会发现领导的用心，这样长久下去，企业就会丧失战斗力。

　　于是有的创业者甚至采用一些"自认为聪明"的办法：既然你已经觉察到了，那么我就顺势辞退你，再换个新人，利用他的"热度"也是完全可行的。但是这种缺乏真诚的管理就会导致企业管理体系混乱不堪，不能任用好人才，不能挽留住人才，委实是一种"人才浪费"。

　　进而，在这样的民营企业中，员工能按岗位章程保质保量完成自己本职工作的很少，存在着大量的花拳绣腿、虎头蛇尾、好人主义等种种形式主义现象；人浮于事，碰到事情互相推托、遇到责任互相推诿、遇到荣誉争相邀功的现象屡见不鲜。这些使企业总体工作质量不高，办事效率低下。久而久之，这些企业的寿命也会像其"用人方式"一样，"热度"过了也就自然倒闭了，很难有什么长寿可言。

　　平心而论，不管是从个体人格的角度来看，还是从人际交往的角度，创业者都应该以一颗真诚的心来尊重下属和同事，将心比心地多替下属想一想，多进行"换位思考"，站在下属的立场多想一想。

唯有真诚，才能进行有效的沟通；唯有真诚，合作关系才可能持久；唯有真诚，企业才会有真正意义上的团结和凝聚力。相反，一切的欺骗和谎言最终都会被揭穿，并被这个世界无情地抛弃。

马云有一个观点，就是对他的员工一定要真诚，他追求与员工之间要做真诚的交流。他曾经在演讲的时候说："你可以不说，但是只要说，就要说真话。"

马云曾经讲过这样一个故事：他有一次到一个朋友的公司里面去，发现中午的时候公司员工都在午休，他觉得这个老总还是很关心职工健康的。谁知道这个老总笑着说："我哪里是关心他们呀，我这是为了省电，所以就骗他们，让他们中午强制休息两个小时，可以节约不少电费呢！"

当时，马云就觉得这家公司活不了多长时间。如果这点小事都不能够对员工讲明，像对待贼一样地防着员工，员工又怎么能够为公司全力以赴呢？果不其然，这家公司很快就倒闭了。

马云特别强调对待员工要以诚相待。还是在1995、1996年的时候，那时的马云还在做中国黄页。有一次由于资金紧张，离发工资的时间只有3天时间了，公司账号上却只有2000多块钱，而工资就要发8000多块钱。

马云没有隐瞒这种情况，他直言不讳地将公司的困境告诉了员工。马云真诚的态度赢得了员工的理解。员工告诉马云：没关系，就是两个月不拿工资也跟你干下去。虽然马云最后还是按时给员工兑现了工资，但是这种对员工以诚相待的做法，却一直保留了下来。

马云对于员工真诚相待，最明显的例子就是在收购雅虎的时候。面对雅虎员工对自己的不信任，马云依然真诚相待，他给予雅虎员工"N+1

计划"，并且用股权真心地挽留员工。结果，只有4%的员工选择了离开，大部分员工都为马云及阿里巴巴的诚意所打动，选择了留下。

当雅虎员工到杭州的时候，马云更是用一颗真诚的心热情地接待他们，甚至细致到连雅虎员工的早餐问题，都进行了认真的讨论，进行精心的准备。

考虑到雅虎员工的生活习惯，马云采用了"中西合璧"的早餐：当满载雅虎员工的专列到达杭州的时候，每一位雅虎的员工都收到了一个小袋子，里面装着两个热包子，一瓶牛奶以及餐巾纸。考虑到这些人长途奔波，洗漱不方便，小纸袋里甚至还有一盒口香糖！一顿早餐就让雅虎员工心里暖暖的。马云对于雅虎员工的真诚关怀由此可见一斑。

马云对于员工以诚相待，在每一个小小的细节上都能够得到体现。马云不让员工称呼自己"马总"。他说：我希望和同事之间是真诚的感情，像亲人一般的感情，而不是单纯的老总和下属的关系，叫我的名字不是很正常吗？名字起了就是给人叫的呀！

马云的真诚也赢得了员工的称赞。一位阿里巴巴的员工这样评价马云："我感觉他本质非常好，非常善良，比较照顾周围的人，而且不是应付也不是应酬，而是发自内心的关心。他把我们当做真正的朋友，他付出从来不讲回报，他平等待人，而且处事很公正。很多事情我们觉得困难，可是他却说，你看我们还有那么多的希望，跟他工作很高兴。"

正是由于马云对待员工很真诚，所以员工也以积极的工作回报马云。阿里巴巴的团队是一个富有战斗力的团队，应该与此说有很大的关系。

杰克韦尔奇曾说过："在你的企业中，80%的利润来自于满意的员工。"满意的员工才能为企业做出更大的贡献，帮助企业走向成功。

诚信不仅体现在经营上，更体现在对员工的真诚上。企业最宝贵的财富就是人才，通过公司的真诚与人才建立良好的沟通机制，才能够极大地激发他们的积极性。

员工的态度决定了其效率高低和产量多少，从而决定了企业的利润大小。有些管理者受短期利益驱动，只顾眼前能够"捡到芝麻"，不管将来会"丢了西瓜"。

进一步来讲，这与企业老板或决策者的用人观念也是有紧密关系的。许多创业者都把人当做"成本"来对待，而没有把"人"当做一种资源。既然是企业的成本，那么，企业最关注的就是如何降低成本。于是，企业就会形成一种不良氛围：拼命地压榨。老板压榨高层，高层压榨中层，中层压榨一般员工，总之是一层层地往下压榨，恨不得把所有的油水都挤干，哪里还谈什么"真诚"，哪里还谈什么"尊重"，哪里还会有什么"换位思考"。

只有彼此"真诚"，才会相互"尊重"，才会让管理者与员工感到彼此之间在人格上是同等的，才会充分发挥人力资源的潜能，切切实实地为企业降低成本。创业者迫切需要认识到这一点。

人生忠告　诚信二字对任何人来说都非常重要，为人真诚、诚实待客、言而有信，是一个人立足社会、成就事业的前提。反之，为人虚伪、欺骗别人、言而无信，即使能骗得了一个人、骗得了一时，但终究骗不了所有人、骗不了一世，最后必将被人唾弃，一事无成。

6. 豁达为人，宽容处世

据说，世界上最大的水利工程——三峡大坝全线建成后，参与工程的主要人员举行了一场庆功宴。在举杯欢庆的时刻，一个外国记者这样问道："在建造工程的过程中，谁的贡献最大？"在场的著名水利工程学家潘家铮回答说："反对三峡工程的人贡献最大。"

也许这个回答会让提问的记者一头雾水，更会让听到这句话的所有人都疑惑不解，不过仔细想想，这句话却不无道理。

正是因为有了反对者的存在，才能让人们始终保持着清醒理智的头脑，保持豁达大度的胸襟，迸发出生命的潜能。无怪乎西方媒体会这样评论："是宽容铸成了一座世界大坝！"

宽容者让别人愉悦，自己也快乐；刻薄者让别人痛苦，自己也难受。宽容和豁达，体现了一种淡定的从容，一种非凡的气度，一种高贵的修养，一种难能可贵的品德。它不仅仅是对人、对事的包容和接纳，还是精神和心灵的成熟，一个懂得宽容的人，不仅能让自己感受到无限希望，同样也会让自己更加充实和快乐。

只要生活在这个世界中，就避免不了要和他人打交道，而世事又不会总顺着自己的心意，因此只能用宽容和豁达来平衡人际关系。在宽容和豁达当中，所有的纠葛、怨恨、偏见和不快，都会烟消云散，消失地无影无踪。

马云从小就有一身侠肝义胆，小时候为了朋友而两肋插刀的事情干过不少，因此交友甚广，朋友众多，而在他创业之后，那些他曾经帮助过的朋友也纷纷前来相助，成为他成功的重要原因。

马云还在上大三的时候，曾担任院学生会主席，经常为了同学们的事儿而四处奔波。有一次，班上有一个同学犯了一个错误，学样的领导研究后决定取消他研究生考试的资格，这个同学后悔不已。虽然马云和他并不十分熟悉，但也为学校的这个决定而深深地为他感到惋惜，因为他的专业成绩相当不错，如果不能参加考试实在有些浪费人才，而且说不定以后就再也没有专业发展的机会了。于是马云热心地对他说："你先别着急，我去跟领导们说说看。"然后马云就找到了班主任，系领导，院领导，嘴皮子都快磨破了，足足花了两天半的时间，终于为那个同学争取到了考试的资格。后来，这个同学也十分争气，一下子就考上了研究生。但是，在那以后的好几年里，马云再没有他的消息了，对于马云的帮助，那个同学甚至没有一点感谢的语言，马云心里有一丝隐痛，好像自己被出卖了一样。不过，随着时间的流逝，他也渐渐地把这件事给忘了。

1995年的一天，马云在深圳，突然一个人来找他，激动地握着他的手说："我听到了你在深圳的消息，所以专门从广州赶来看你。"原来，这个人就是当年马云曾经帮助过的那个同学，现在他已经是一家外资公司的高层领导。马云曾经十分欣慰地说道："虽然很多时候都有过被出卖和利用的伤痛，但我相信一颗善良宽容的心，总能交上几个真诚的朋友。"

俗话说："处世让一步为高。"在人与人之间的相处中，用豁达和宽容处世是十分重要的，遇事存一分豁达，可以使人彼此认同和理解，也会让通往成功的道路上少几分障碍，多一些推动力。一个斤斤计较的人，永远只能生活在鸡毛蒜皮的斗争与挣扎中，让他人受到攻击，自己也逃脱不了伤害。

说起豁达和宽容，其实人人都不否认它的巨大力量，但是做到却真的很难。

我国古时著名的扬州八怪之一郑板桥，不仅在书画艺术上有颇高的艺术造诣，他的宽阔胸襟和大度为人更是备受人们的尊崇。

有一次，郑板桥从江苏老家来到了当时的繁华大都市苏州，并在城东的桃花巷东头开了一家画室，以卖画为生。凑巧的是，在桃花巷的西头也有一间画室，画室的主人名叫吕子敬，在当地小有名气。

吕子敬十分擅长画梅花，他的画可谓已经到了"出神入化"的地步，不过他这个人非常自负，时常当众自称他画的梅花"远看花影动，近闻有花香"。

郑板桥得知这一切之后，便只画一些兰花、翠竹、花鸟、虫鱼之类的东西，从不描绘梅花。一次，有一个从京城来的官吏酷爱字画，当他看到郑板桥那精湛的字画时，非常高兴。于是便请郑板桥以"梅花幽谷独自香"为题，为他画一幅梅花图，酬金是50两银子。

不过，郑板桥却没有被高价诱惑，他连忙推脱道："要说画梅花，当属吕子敬先生画得好，他画的梅花远近闻名，可值百两银。"于是，这个官吏就去了吕子敬的画室。

后来，吕子敬听说了这件事，更加自高自大，觉得自己的画比郑板桥的强多了，甚至在外人面前夸下海口：在苏州城里只要他说第二，就没人敢排在第一。一些看不惯他的人，便将这番话带到了郑板桥那里，不过郑板桥并不计较，他只是一笑了之。

就这样，郑板桥在苏州呆了三年，临走时许多文人墨客前来相送，吕子敬也在其中。当着众人的面，郑板桥酣畅淋漓地画了一幅气韵不凡的梅花,并将其赠于吕子敬。吕子敬接过画,看的是目瞪口呆,平时恃才傲气的他这才恍然大悟:"原来郑兄始终不肯画梅花,只是为了让小弟保住一口饭碗,小弟为以前的言行感到十分惭愧。"

郑板桥虽然技压群雄,但他却从不张扬,还时刻留给别人一个生存的空间,这种气度和胸襟实在令人敬佩!这种心态和马云十分相似。马云创办的公司虽然一天下来的利润可能就高达几个亿,但他从不以此拿来炫耀,在他看来,他只是做了应该做的事情。

生活中我们更应该学会宽容,无论是对相左的意见,还是对敌意的攻击,豁达就是一尊善意的包容,这种宽厚足以让人驰骋天下。没有了宽容,人生将会寸步难行。一个不懂得宽容的人,常常会因为把生命的弦绷得太紧而体无完肤,也给自己带来许多无谓的冲突和不良的后果,长期下去,总有一天会承受不住这巨大的压力而断裂。

人生忠告 宽容和豁达,是用一种博大的胸怀和善意的理解,去宽待有着各种各样缺点的人们,甚至是曾经伤害过自己的人们。这种魄力令人佩服,使人尊敬,也是人类个性最高的境界之一。懂得宽容的人就像一道耀眼的光芒,不论身在何处,总是能散发出独特的亮点,聚集无数人的目光。这是一种仁爱的光芒,是对他人的释怀,更是对自己的善待。

7. 人才永远是企业的常青树

马云知人善用，任人所长，还特别强调了"双手合十方可鼎力相助"。因为马云深切地明白能否做到"礼贤下士，不拘一格，慧眼识珠"是事业成功的根本所在。

千里马常有，但伯乐却不常有。而他正扮演着一个很出色的伯乐，大量起用年轻一代的人才使得企业超常规发展，最终执中国网络史之牛耳。

"人"才是企业之根本。有了人，善于用人，企业就会拥有一切；反之，则会失去一切。其实所有的企业管理人员都知道人才的重要性，但是又有几个管理者能像马云一样——有一颗虔诚之心来领导员工呢？

企业家如何管理好企业已成为商场中不可回避的话题之一，而企业的管理重在用人。而马云作为成功的企业家，对此有着独特的看法。

马云说："当员工达到100人时，我必须站在员工的最前面，身先士卒，发号施令；当员工增至1000人时，我必须站在员工的中间，恳求员工鼎力相助；当员工达到10000人时，我只有站在员工的后面，心存感激即可；如果员工增到50000—100000人时，除了心存感激还不够，必须双手合十，以拜佛的虔诚之心来领导他们。"

人才是经营公司的头等任务。而在用人方面，怎样对待人才，则是管理者领导能力和驾驭能力的最高体现。在竞争激烈的商场王国中，要想在战争中取得胜利，最重要的一点就是懂得用人。所以，人才永远是把事业做大的资本，人才永远是企业的常青树。

尤其是在对待员工方面，要像对待自己的家人一样，使他们愿意为自己服务。一定要让员工看到希望，这样他们才会拼搏向上，同时也要给他们一定的后备保障，以此来免去他们的后顾之忧，全身心地投入到工作中去，另外要让员工感觉到你对他们的重视，让其更清楚地认识自己的价值，变得自信。

然而，有了人才，还要善于运用才是真理。天下没有十全十美的人和事，每一个人也都有优点及缺点之分，就好像大象的食量是以斗计，蚂蚁以一小勺便足够的道理是一样的。各尽所能、各得所需，以量材而用为原则；又像一部机器，假如主要的机件需要用五百匹相比是小得多，但也能发挥其一部分作用。

无论大小的企业老板都希望自己的员工做最多的事拿最少的钱。他会告诉员工你现在是在学习，在当你在公司有了无可替代的地位的时候你就有资本了。但是员工却希望老板在给自己做了体现能力的工作时可以得到赞同，同时达到付出与收获成正比。

而事实上，老板和员工的想法是永远都不会统一的，因为出发点不同。但是阿里巴巴的马云却是一个例外，他认为，员工是创造财富的来源，是成功的基石，只要有了他们，天下尽其所有，所以在阿里巴巴时，只要是为公司创造价值的员工，都可有机会入股，做股东，让他们时刻感觉到自己是阿里人，时刻感觉到老板原来也是如此地看重自己，时刻感觉到为他人工作，其实就是为自己赚钱，充分体现了让员工做"老板"。

马云如此看重员工，也正是他成功的一个关键因素，在阿里巴巴，每个员工都能感觉到自己的重要性，都会尽自己的最大能力为公司创造财富，从而有了阿里巴巴辉煌的今天。

所谓企业感恩文化就是以保障企业共同利益和回馈他人为根本，通过反哺的形式构建企业与投资人、员工、顾客、群众、企业与社会之间的感恩互动，最终形成企业发展成果共享最大化和企业价值最大化的精神文化。

在阿里巴巴有这么一个故事广为流传：

飞毕业于名牌大学，自走出校门就在阿里巴巴上班，一工作就是五年，在这五年的时光里，由于他工作能力突出，每两年得到一次提升。如今的他，已晋升为公司的部门主管，年薪超过十五万元。

五年来，飞认识了不少的业内精英和成功人士，而他的工作能力也得到了业内的一致好评。有一家公司看中飞，于是便出更优的待遇想把飞挖走。面对各种诱惑，是辞是留？飞非常矛盾。

就在这时，阿里巴巴的总裁马云先生做了一件微不足道的小事，却打消了飞所有顾虑，坚决地拒绝更优待遇的诱惑，继续为阿里效劳。

那时，正逢中秋节，公司专门为外省籍的员工每人订购了一盒月饼，在中秋节前几天，连同一份由公司董事长签字的中秋慰问信，寄到每一位员工的家中。当飞远在西部小山村的父母收到"天外"飞来的月饼时，激动满眼热泪盈眶,这是整个村子从未有过的事情。村子的乡亲都来了,飞的父母把月饼每人一小口分给乡亲们吃,还请了村里一名高年级的学生大声朗诵公司的慰问信,听完后让人感慨不已。

当飞听说后,对公司、对老板的感激和衷心油然而生。当天晚上,飞是彻夜难眠,他一直在思考困扰自己的职业规划问题。不停地问自己,我有什么优势吗?我有更想做的工作吗?这时他才真正地发现,其实自己最想做的就是不断地学习,充实自己,武装自己,而自己的优势就是对工作的热情,对他人讲诚信,给人一种靠得住的印象。想清楚之后,压在飞胸口的一副重担终于放下了,他继续留在阿里巴巴快乐地工作和生活着。

由此可以看出,企业感恩文化首先强调的就是对员工感恩,然后促动员工对企业感恩,进而提高员工对企业的忠诚度。在马云的眼里,其实要想建设企业与员工之间的感恩文化并不难,只要企业有心去做,并长期坚持下去,就一定会起到意想不到的效果。

马云深知,员工是企业发展的坚强后盾,是企业创新的主动力,是企业不断壮大的强大队伍,因此阿里巴巴以"衔环结草""投桃报李""知恩图报""感恩报德"的传统美德为出发点,无疑就是兑现当初对员工的诺言。在马云的思想理念中,任何财富都不敌人才。

除此之外,阿里巴巴的感恩文化不仅是企业员工共享企业发展成果和福利待遇,而更多的应体现在企业对员工的尊重程度。企业应认真建立员工档案,细心地收集员工的相关信息,譬如员工的兴趣爱好、员工的生日、结婚等重大纪念日等,根据每个员工的不同需要,营造企业内部浓厚的"人情"氛围。而员工们在这样的氛围中工作，将回报给领导者的更多，甚至于几十倍。

人生忠告 企业须以员工为根本，最大程度地让员工成为企业的一分子，公平、合理地享受企业发展成果，而不是把员工看成被管制的对象，视为榨取利润的机器和工具。将凝聚企业员工心往一处想，劲往一处使，发挥出倍增的振兴效应和强大的文化功能，在激烈的市场竞争中，企业将攻无不克，战无不胜。

8. 我为人人，人人为我

关于企业家境界，民间流传这样一种说法：三流的企业家是纯粹的商人，以赚钱为唯一目的，不注重人格形象，为了赚钱不惜一切代价，"无奸不商"是对其的形象概括；二流的企业家是儒商，既注重利润又注重个人形象，以儒家的道德理想和道德追求为准则；一流的企业家是佛商，创造财富、注重形象，在骨子里还存在着某种普世情结。马云就是一个具备"普世情结"的一流企业家。

2006年，马云率领他的阿里巴巴公司收购了世界上最大的门户网站——雅虎在中国的全部资产，这让马云和他的阿里巴巴公司一夜之间身价达到了40亿美元，跻身于中国亿万富豪的行列。

面对中央电视台《新闻会客厅》主持人的提问："这笔交易当中，雅虎和阿里巴巴谁更赚一点？"马云如是说："我往往很少考虑经济利益，在阿里巴巴有一件事情是永远围绕我们的，我们想创办一个由中国人创办的、全世界最好的公司，我做的任何收购、兼并首要考虑的是，是不是围绕这个目标，围绕这个目标的前提下我再考虑经济利益。"

"很少考虑经济利益"，听起来很令人难以置信，毕竟创造最大价值是商人的天职。但问题是，马云从来不把自己当作一个一般的商人。

马云说：我不想做商人，我只想做一个企业，做一个企业家。在我看来，生意人、商人和企业家是有区别的：生意人以钱为本，一切为了赚钱；商人有所为，有所不为；企业家的目标则是创造财富，影响社会，为社会创造价值。赚钱是一个企业家的基本技能，而不是所有技能。

赚钱是很容易的事情，这是我的结果，不是我的目的。世界上会赚钱的人很多，但世界上能够影响别人、完善社会的人并不多，如果想要做一个伟大的公司，就要做那样的人。

在马云看来，微软就是一家伟大的公司，它改变了整个人类的生活；星巴克也是伟大的公司，它卖的不是咖啡，而是生活方式，也影响了很多人的生活方式。对于马云来说，他所创立的阿里巴巴集团现在不能说是伟大的公司，但也是改变了很多人命运的值得引以为荣的公司。

马云认为："阿里巴巴今天最大的骄傲是什么？很多人说我们上市了、成功了，成为中国首富、亚洲首富，其实我们骄傲的是让几千个人成为百万富翁，我们让几十万家的企业赚到钱，我们让上百万的创业者获得成功。"

一个企业能不能成为一个"伟大的公司"，能不能走得很远，往往与企业家"最初的梦想"有关。偶然或许可以促成一时的成功，但是具有永续性的成功，却必须有非凡的价值观，或者说一种普世情怀来支撑。

时间回溯到1999年2月，在新加坡召开的亚洲电子商务大会上，出现了这么一幕有趣的情况：大会美其名曰"亚洲电子商务大会"，但放眼望去，与会人员中，尽是金发、碧眼、高鼻子的欧美人，黄皮肤、黑头发的东方人只有寥寥数人。在这"寥寥数人"中，就有马云。

当时，亚洲电子商务才刚开始起步，所以主办方不惜重金邀请了毫不知晓亚洲国情的西方专家在台上高谈阔论。这些西方专家侃侃而谈的都是eBay、亚马逊等欧美式的电子商务。轮到马云发言的时候，他直言不讳地提出了自己的见解："欧美是欧美，亚洲是亚洲，欧美模式的电子商务未必就适合亚洲实情，亚洲应该有自己独特的模式。"

亚洲电子商务的独特模式究竟应该是什么样子的？这个问题在随后的一段时间内，一直萦绕在马云那颗"外星人"般的大脑。对这一问题的思索，催生了他自己创业的念头。"我要做数不清的中小企业的解救者"，马云思索的结果就是："我要领导穷人，掀起互联网革命，通过互联网组成独立世界，为小企业谋生存，求发展。"

专注中小企业，为中小企业服务，这在当时确实不啻为一种革命性口号。当时风行的美国电子商务的模式，是按照"二八定律"，瞄准20%的大企业，竭尽全力为其服务；而马云决意反其道而行之，瞄准80%的中小企业。

在马云看来，如果把企业也分成富人和穷人，那么互联网就是穷人的世界。因为大企业有雄厚的实力，有渠道，有广告能力，而小企业什么都没有，他们才是最需要互联网的人。

马云认为，在现在的经济世界，大企业是鲸鱼，大企业靠吃虾米为生；小虾米又以吃大鲸鱼的剩餐为生，互相依赖。而互联网的世界则是个性化独立的世界，小企业通过互联网组成独立的世界，这才是互联网真正革命性所在。小企业好比沙滩上的一颗颗石子,但互联网可以把一颗颗石子全粘起来,用混凝土粘起来的石子们威力无穷,完全可以与大石头抗衡。

马云创立的商业模式的关键之处在于,它假设中小企业是从互联网中获益最大的企业——因为互联网向他们提供了接触买家的渠道,否则,他们只能在贸易展会上见面,而事实证明,这个假设是极富远见的。通过让这些企业接触到范围更广的客户群,阿里巴巴让它们降低了对在市场中占主导地位的客户的依赖。

马云说:"像沃尔玛(Wal-Mart)这样的大型采购商,曾灭掉了许多中小企业采购商。例如市场上一支钢笔的订购价是15美元,沃尔玛开出8美元每支,但是1000万美元的订单,供应商不得不做,但如果第二年沃尔玛取消订单,这个供应商就完了。而通过互联网,这个小供应商就可以在全球范围内寻找客户,悲剧即可避免。由于阿里巴巴的出现,现在大部分中小企业采购商和销售商都已经把生意做到世界各地。因此,我认为世界已经改变了。我坚信小的就是好的。"

马云之所以选择为弱势企业服务,是因为他的同理心。马云生长在私营中小企业发达的浙江,他从最底层的市场摸爬滚打过来,深知中小企业的艰辛,以及它们被压榨,被控制的困境。

"我们一直在用互联网帮助中小企业,帮助创业者,帮助弱势群体。走到今天为止,我认为,第一,互联网改变人类生活不错;第二,我们坚持为中小企业服务没有错;第三,因为中小企业才有今天的阿里巴巴,我们不能忘掉中小企业。"在阿里巴巴十周年会议上,马云如是说。

在入选 CCTV 十大经济人物年度奖时,说起为何会在短短数年间取得如此发展,马云认为其实这与自己的为人处世原则有关,那就是做任何事不能带有太强的功利性。

很多人不知道的是,在创业的头三年,即 1999 年、2000 年和 2001 年,阿里巴巴几乎没有一分钱的收入。"鼓励我们坚持下去的是我们每天收到大量客户的感谢信,这些信件支持我们走到了现在。"

我为人人,人人为我。这个做人的简单道理,在商界依然适用。马云和他的阿里巴巴集团一心为弱势企业服务,这些成长起来的小企业为其带来的回馈如今震撼了世人。

人生忠告　马云说:我不想做商人,我只想做一个企业,做一个企业家。在我看来,生意人、商人和企业家是有区别的:生意人以钱为本,一切为了赚钱;商人有所为,有所不为;企业家的目标则是创造财富,影响社会,为社会创造价值。赚钱是一个企业家的基本技能,而不是所有技能。

第六章

一有想法，就要马上行动

第六章

行动比想法更重要，在工作中，行动比想法更重要，要想顺利地完成工作，取得优异的工作业绩，在经过思考后，关键在于行动。如果不行动，就成了口头上的巨人。梦想是成大事者的起跑线，决心则是起跑时的枪声，行动犹如赛跑者全力地奔跑，唯有坚持到最后一秒，方能获得成大事者的锦旗。一次行动胜过百遍胡思乱想，说一尺不如行一寸，行动比想法更重要。

1. 勇而敢者死，勇而不敢者胜

很多人说这个人好勇敢，我觉得勇而敢者死，勇而不敢者胜，我们勇而我不敢。很多时候我说有这个勇气，我敢动，我想，但是最后我不敢，我对规则、对规律、对莫名其妙的力量有尊重，我敬畏。——马云

老子曾经在《道德经》中说过这样一句话："勇于敢则杀，勇于不敢则活。"勇是一种勇气，是一种冒险精神，是积极向上的一种必备姿态和素质。可是很多时候凭借"勇"并不一定能够达到预期的目标，有时候还要克制自己，要懂得适当示弱，你有这样的勇气去做，但未必就一定要不顾一切地去做，有时候，人应该懂得让自己害怕，要懂得做一个"不敢做"的人。

无论做什么，无论有怎样的理想，我们都应该对生活、对人生怀有一些敬畏之心，不要太过主观太过情绪化，要懂得去尊重规律，尊重市场规律、自然规律和生活规律。更为简单地说，就是要懂得克制自己的行为，你可以有想法，可以比别人更加勇敢，但是有时候应该比别人更加理性，要更加懂得去敬畏生活。

勇气是成功人士的必备要素，一个人想要成功不仅仅需要谋略、需要毅力、需要运气，同时也需要勇气，如果你不敢去做梦、不敢去实施，那么就没有办法从普通人中超脱出来。但是"勇"和"不敢"是两码事，两者之间并不是矛盾对立的，勇更多的是思维上的感性认识，是一种自

信,而不敢则是行为举止上的"理性"判断。

很多年轻人常常会说:"给我一笔钱,或者给我一个机会,我就敢于投资,我就能够创造出一个属于自己的商业王国。"可事实上成功并不像想象中的那样简单,如果成功仅仅凭借勇气、大胆,那么这个世界的成功人士会翻上好几倍。

事实上,80%的人可能都和你一样,有理想,敢闯敢干,但是最终成功的可能只有20%。理想没有对错之分,关键是执行的过程中多数人都盲目自信。所以年轻人应该懂得克制自己,不妨学习一下马云,努力从马云的经历中获得一些营养和经验。

回顾阿里巴巴的成长,马云常常会为自己当初的勇气感到自豪,正是因为当时足够勇敢、足够自信,才确保阿里巴巴发展壮大起来。但是与此同时,马云时时记得那些发展道路上的辛酸与坎坷,也明白很多时候并不是团队的努力让他们度过了灾难,也不是他们自己具备了足够抵抗和规避风险的能力。

正如他所说,自己从未料想会如此成功,马云认为那是一种莫名的力量,是一种规律性的东西,一直在支撑和助推着阿里巴巴往前走,这种力量让他心怀敬畏。

马云知道自己抓住了互联网发展的大好时机,十年以前是这样,现在是这样,但是十年、二十年之后呢?谁能够预料到事情会怎样发展,所以在阿里巴巴不断扩展和高速发展的时候,他反而显得更加理智和冷静。他明白市场风云变幻,很多时候勇气不能带来一切,也不能成就一切,合理的、稳健的发展模式也许才是上上之策。

在马云看来,即便阿里巴巴成为同行业中最具实力的企业,而且有着远大的理想和目标,依然要注意休养生息,依然要懂得韬光养晦,要懂得在市场竞争和发展规律面前感到害怕。

比如,随着阿里巴巴的不断发展,很多人建议阿里巴巴尽早上市,其实阿里巴巴的任何一个成员,包括马云自己都希望阿里巴巴能够上市,希望它在国际市场有一番作为。

但是马云冷静分析了时势,他认为阿里巴巴有勇气和实力上市,但是上市也应该选择正确的时机,需要确保阿里巴巴在中国电子商务市场的领先位置,而这需要两三年的时间来观察,在当时的条件下,马云不敢冒那样的风险。正因为如此,阿里巴巴上市时间一推再推。

勇是指导思想上的一种"进",不敢则是实施过程中的一种"止",一个人不能想到什么就义无反顾地去做,而应该考虑这么做的后果,应该对未来的生活保持适当敬畏,这不是一种懦弱和胆怯,而是一种更为合理的发展战略。

股神巴菲特曾经有一句名言:当别人贪婪时我恐惧。其实巴菲特和其他巅峰投资者一样都有勇气在股市里闯荡,毫不客气地说,他比其他人更有立足的资本,也更有勇敢的底气。

但是在巴菲特看来,勇气不一定能够帮助自己挣到更多的钱,当别人都贪婪的时候,当别人都勇猛向前的时候,你需要冷静下来,需要尊重某些规律,需要让自己有敬畏和恐惧之心,一旦你无所畏惧,就会被那些规律所绊倒。

不过事实上,很多创业者,尤其是年轻人,总是认为敢想敢干敢闯就一定能够成功,殊不知一腔热血并不一定会带来成功,相反,还可能让自己跌入深渊。其实这个世界并不缺乏有野心、有勇气的人,缺的是能够适时止步的人。每个人都可能有很多疯狂的想法,每个人都可能会无所畏惧地为着理想而奋斗,但勇气也有可能是盲目的,勇气容易让人陷入极端的自信和跃进状态。

有个企业家说过:"如果一个团队中,有10个人都举双手赞成某个行动,那么你就要小心了,因为大家可能进入了狂热的状态。"事实上有些企业已为此做了一些防范措施,针对一项计划的实施,10个人中必须有一个人努力找出不可实施的因素。这就是一种"不敢",企业如此,人更应该如此。

人生忠告 年轻人应该有梦想,而且有梦想就要勇敢地去实现,可是也要记住千万不能让勇气完全操纵自己,在信心满满的时候,内心应该有一个声音时时提醒自己:我不能轻易就这么干。

2. 坚信自己成功是成功的保障

创业的确有一定的风险。但是,创业能否成功,比拼的既不是对于风险的无知,也不是对于风险的全知,而是在知道有危险存在的情况下仍然能够保持前行的信心。

一位创业成功人士说过这样一句话:"创业就像黑屋子里,一点亮都没有,但你要告诉自己,那就是有光的地方,告诉自己那是方向,然后跟团队说跟我走,那就是方向。"他认为在黑暗当中保持希望的能力,是创业者必须具备的能力。

创业能够成功的人最大的特点就是对自己充满了信心,而不成功大多是因为不自信。在做事之前把困难想得太多,估计得太严重了,结果事情还没做,自己就已经被想象的困难吓倒了。对于任何想要创业成功的人来说,自信心是最重要的东西。如果对于自己所走的道路都拿不定主意,又怎么能够影响其他人呢,又怎么能够到达成功的彼岸呢?

大多数创业成功的人,不一定都是最聪明的、最富有资源的和最被公众看好的人,但一定是一个最自信的人。

我深信不疑我们的模式会赚钱的,亚马逊是世界上最长的河,8848是世界上最高的山,阿里巴巴是世界上最富有的宝藏。马云如是说。

马云非常自信,每一个接触过马云的人都有这种感觉。在中央电视台做节目的时候，有一位观众这样评价马云："他走每一步的时候都很有底气、很有把握，都在他的谋略和计划之中。所以他什么都不惧，什么都不吝，这也是一种拽。"这位观众用一个字来评价马云："拽！"

马云的确很拽！在中央电视台"2004 年度经济人物"颁奖的晚会上，马云就说过这样一句话："一个男人的才华和他的容貌往往是成反比的。"这就是"拽"！

马云说自己一生中"最戏剧化"的场面是和软银总裁孙正义谈投资的时候，尽管坊间已经有诸多版本，但是我们还要把这个故事再重述一遍。

1999 年 10 月的一天，马云应一位朋友的邀请去见一个人。这个人就是大名鼎鼎的孙正义，一位在业内赫赫有名的风险投资商。在富华大厦豪华的会议室里，在众多西服笔挺的精英中，只穿了件普通夹克衫的马云显得是那样的"鹤立鸡群"。但这并不影响马云的信心。他只讲了 6 分钟，孙正义就做出了决定。

根据后来马云的自述，让我们再来重温一下这段堪称经典的对话：孙正义："停下来，你要多少钱？"马云："我不要钱。"孙正义："你不要钱你来找我干什么？"马云："又不是我要来找你，是人家叫我来找你的。"一般人见到投资人都是笑脸相迎，但是马云用自己的自信征服了投资商。

马云自信，还表现在对自己项目的坚定不移上。2001 年，正是互联网的冬天。这一年对于"互联网"来说，只有一个词来形容，那就是"寒冷"。

这一年的年底，孙正义在上海召开了一次投资会议。昔日"IT 界"呼风唤雨的网络英雄都已经"风光不再"，撑不下去的早已"关门大吉"，就是勉强撑下去的也已经"改头换面",脱离互联网,选择"下线"了。

对"互联网大逃亡"已经有些无奈的孙正义问马云:"你要不要也调整战略,放弃电子商务,转向其他领域?"

马云却拍着胸口告诉自己的"投资人":"孙先生,一年前你为我融资的时候,我向你要钱的时候,我讲的是这个梦想(电子商务),今天我仍然要告诉你,我还是这个梦想,唯一的区别是我朝我的梦想往前了一步,但是我还在往前走!"

马云敢于说出这样的话,是他有说这个话的资本。在2001年,中国互联网公司不再受到国际资本的青睐,甚至遭到排斥的时候,正是由于资金的短缺使尚处于成长期的中国互联网公司陷入了困境。但是马云手里有牌,他刚从高盛融资500万美元,又从孙正义那里得到2000万美元。"粮草充足"的马云有资本自信。即便如此,在"2001年那个寒冷的冬天",能够说出这个话,还是要有足够的底气。

马云对于自己的梦想自信,马云对自己自信。正是自信使他敢于在"互联网的冬天"说出"我还是这个梦想"这样充满自信的话。

如果马云也在这个时候失去对于电子商务、对于自己的信心,也许世界上就没有阿里巴巴了。

对一个想成功的人来说,自信是很重要的。自信与成功相辅相成,越自信越可能成功,越成功就越自信。

对于刚开始创业的人来说,他们的心理恐惧主要是源于对自己的不信任。在未知的创业结果面前,创业者们每着手一个计划的时候,总是要不断地问自己:我要生产的产品人们真的需要吗?公司什么时候才能走入正轨呢？我的市场促销方式对头吗？我的辛苦会有回报吗？我的报偿会有多大？我的创业怎么才能成功？万一失败了，别人会怎么看我？亲戚朋友会说些什么？

自信是创业的坚定基础。如果一个没有自信的人，又怎么能够将自己的事业做大做强呢？但是，自信并不是凭空而来的，那是要有一定的基础做根基的。那么，创业者怎样才能够做大自信呢？

只有首先战胜心理恐惧，然后才能成功创业。战胜心理恐惧的唯一方法是防止所恐惧的事件发生。因为每失败一次，自己的信心就会减少三分。要自信，就要减小失败的风险。

创业者应该尽可能选择自己熟悉的行业或业务开始创业行动。对于每一个人来说，原来所从事的工作是最熟悉的，选择自己熟悉的行业，就能够拥有更多的信息，知道什么商品有市场、有前途，知道不同产品的优劣及消费者的需求，知道市场的发展方向，就能够做出正确的判断与决策，扬长避短，以强带弱，充分发挥自己或创业团队的优势。只要不人云亦云，不好高骛远，不三天打鱼，两天晒网，就能够迅速站稳脚。而初战告捷对于自信是最重要的。

创业者的心理恐惧很多时候来自于对风险的不可预知和掌控上。如果能够做好风险控制，降低风险指数，信心相对就会足些。要加强学习，了解市场动态，减少盲目性和决策性失误。学会风险分析的方法，做好风险预测，并采取措施尽量降低风险的发生。同时，创业者在创业前要考虑到家庭的一切正常开支，考虑一旦创业失败所导致收入来源中断的风险。这就会使创业者少了很多后顾之忧，增添几分自信。

做生意公关很重要，没有一定的人际关系网就寸步难行。人际关系是一种无形的资本，对于创业者来说至关重要。在创业之初，创业者应该首先考虑自己的社会关系。着眼于朋友多、人际关系好、办事渠道通畅、门路熟、信息来源广而便捷的行业，这样成功的几率就会比较高，自信也就随之而来了。

人生忠告 树立自信不仅仅需要勇气，更需要理智和冷静，要正确对待挫折和失败。创业之路充满艰辛，要有足够的思想和心理准备，在受挫时依然保持激情、信心和勇气。

3. 快速行动，方可立于不败之地

思科 CEO 钱伯斯有一句话，"这个世界已经不是大鱼吃小鱼了，而是快鱼吃慢鱼"。

事实已经证明，这是一个"高速"时代，企业间的竞争已经不仅仅靠规模取胜，更是靠"速度"取胜。这个"速度"可理解为"顾客响应度"，这是为满足顾客需求而采取的行动。速度正主宰着越来越多的企业兴衰，拥有了速度你就可以立于不败之地，速度是决定胜负的关键，是改变战局的根本。

在速度上，美国人抢先一步。全世界做快递最成功的公司都是美国人开的，世界三大快递公司：一个是联邦快递，另一个是联合包裹（UPS），第三个是敦豪速递（DHL），这三个都是美国公司。

麦当劳、肯德基、必胜客之所以能迅速在中国市场上占有一席之地，看看中国餐馆出菜的速度，你就知道为什么了，这就是速度之争。由此可见，品牌战略的实施之一就是提速，从铁路到航空，到快递，到麦当劳、肯德基、必胜客都在竞争速度，谁赢得了时间谁就占有了市场。

"速度"对于企业来说，与它拥有资源的多寡、人才的优劣等一样重要。一个不重视"速度"的企业，肯定不是一个能健康发展和壮大的企业；一个不重视"速度"的管理者，在激烈的市场竞争中，只会永远处于下风。

因此，一些睿智的管理者都非常重视速度，他们能在市场突变时做出闪电般的反应，迅速处理，既能使事情朝着有利于自己的方向发展，又能把对手远远地甩在后面。譬如，麦当劳。

麦当劳在速度上确实下了不少工夫，他们的口号是：60秒没有让客户拿到自己的餐点，可以免费奉送可乐一罐。有人曾专门跑到麦当劳点了一个东西，想免费喝一罐可乐，但45秒时，东西就出来了。第二天此人又去点了一个汉堡，50秒东西又出来了。于是他对柜台小姐说："真可惜，买两次都没有喝到可乐。"那位小姐居然讲了另外一句："先生不要气馁，多来几次就会喝到了。"

其实麦当劳敢挂60秒的牌子，他们不知曾经练习了多少次，保证能够在这个速度之下，让客人拿到食物，否则它是不敢自己打自己耳光的。

当前，很多行业都在借鉴军队的管理经验，最终想达到的目标就是把自己的团队培养得具有"雷厉风行、高效第一"的工作作风，因为在战场上"老二"就是败军。

有段时期，平板电视出现了爆炸式的增长，苏宁、国美家电连锁企业抓住了这个机遇，其业绩增长数据快得让人生疑，而永乐、五星两家的结局却是"下马归田"。

手机产业的变化速度更快，不仅国内企业赶不上"节拍"，几乎全军覆没，连摩托罗拉的速度也跟不上，业绩一度大幅下滑。无独有偶，在强大竞争对手的重重围困中，蒙牛奶业用"先建市场、后建工厂""快速整合、高质定位"的战略而得半壁天下。什么原因造成了这种现象呢？速度！

如今，速度已成为一个企业能否生存与发展的关键环节，那些不注重速度的企业，都会受到"时间"的惩罚。

联想是中国IT行业成功的领路者，它曾经创造了个人电脑市场上无数个第一。但是，其进军互联网时，由于运营思路缓慢，虽然与AOL成立了合资公司，成为中国IT界最豪华的"联姻"，并且有明星代言，有巨大的资金投入，但还是没有越过新浪、搜狐、网易等"大山"。爱立信曾是手机行业的老大，由于在市场流行的新技术面前反应迟钝，结果市场份额一落千丈，最终被迫出局。

成功永远属于那些会立即去采取行动和勇于去尝试的商人，立即行动，迅速把握商机是商人取得财富最有效的方法。只要你比别人跑得快，你就会领先一步，便可以占领新的市场份额；如若你没有别人跑得快，那你就只能永远与别人共同分吃一块蛋糕，自然就是没有可观的利润。

马云有句名言："做互联网好像冲浪，机会稍纵即逝，不能够等浪高再冲，要随浪而高，随风而变。"

在商场上，弱者等待时机，强者创造时机。对于创业者来说，时机就是商机，商机就意味着成功。什么是商机？并不是等到所有人都听到了发令枪响才是商机，用马云的话说："如果时机成熟，就轮不到我来做了！"相反，恰恰是大部分人都还处在"看不到""看不清""看不懂"的时候才是最好的商机。

简单地说，就是要"乘市场之'虚'而入"。创业者唯有抢占先机，快速行动，方可立于不败之地。商场的规则不是大鱼吃小鱼，而是快鱼吃慢鱼。在以互联网为代表的新经济时代，更是如此。

发令枪一响，你没有时间看对手是怎么跑的，你只有闭着眼睛往前冲。马云把互联网的竞争看成是3000米的长跑："互联网是影响人类未来生活的3000米长跑，你必须跑得像兔子一样快，又要像乌龟一样耐跑。"

在商场上，马云不仅像乌龟一样耐跑，经过八年"抗战"，创建了拥有阿里巴巴、淘宝、支付宝、雅虎搜索以及阿里软件等"达摩五指"的阿里巴巴集团；马云还像兔子一样跑得快。马云是一位短跑高手，一位喜欢"抢跑"的运动员。

马云经常说一句话："发令枪一响，你没有时间看对手是怎么跑的，你只有闭上眼睛向前冲了！"实际上，大部分时间里，发令枪还没有响，马云已经抢跑了。等到对手们确认无误地听到枪声的时候，马云已经在冲刺了。

马云认为一个好的公司需要一个好的名字来作为招牌，所以他选定了"阿里巴巴"这个名字。但是在注册网站域名的时候，他发现有人比他还早就已经"芝麻开门"了——在加拿大居然有人两年前已经注册了"alibaba.com"这个域名！

马云不愿意换名字，他实在是觉得"阿里巴巴"这个名字就是一个天才般的构想，就是专门为他准备的。如果错过了这个机会，被人家上线运营了，他的"芝麻开门"的美梦就会随之破灭。

为了这个"专为自己准备的域名"，马云决定不惜一切代价，和对方的谈判几个月都没有结果。马云在双方没有达成协议的情况下，马云就将一笔1万美元的款子打进了对方的账户。1万美金！当时对于马云来说，绝对是一笔巨款了。他们总共的启动资金也不过50万元人民币，按照当时的汇率，也就只相当于6万多美金。

也许是诚意打动了对方，对方爽快地就把域名让给了马云。有了前车之鉴，马云在花重金买回"alibaba.com"的同时，他又把"alimama.com"、"alibaby.com"以及所有和阿里巴巴有关或者相近的域名全部注册下来。

别人不理解马云为什么要注册那么多域名，马云幽默地说："阿里巴巴、阿里妈妈、阿里贝贝本来就是一家吗，他们是不能够分开的，就是要永远在一起！"

若干年后，事情的发展证明了马云的眼光。几年后，随着互联网的迅猛发展，掀起了一股抢注域名的高潮。很多企业为了不让抢注的人影响自己的品牌形象，软硬兼施，用尽了浑身解数，使尽了各种方法，诸如重金购回，诸如对簿公堂，等等，就连大名鼎鼎的 Google 也花费了数百万美金购回了被他人抢注的 CN 域名。由此可见，马云的动作的确够快。

马云喜欢"抢跑"，支付宝的成功同样是他"快速起跑"的结果。网上交易的日益活跃，网民对网上购物的兴趣日益增长。但是，有一个瓶颈问题却严重限制了网上交易的发展，这就是网上的资金支付问题。

如果不能够安全地支付资金，大家为了安全起见，只好选择同城交易，这将使网上交易平台大打折扣，将会酿成毁灭性的打击。所以很长时间内，阿里巴巴只是一种信息交流的平台，而不是真正意义上的"电子商务"。

马云 2003 年在接受采访的时候，曾经说过一句话："要等到支付问题都解决了，我们还有什么机会，我永远不会等到机会成熟了才去做一件事……"过了 3 个月，2003 年 10 月份，支付宝横空出世，这是一个专门为淘宝网量身订制的在线支付工具。

当时，支付宝还只是专门为淘宝定制的支付工具。也就是说，支付宝只是一个支付工具。在当时淘宝网还没有实现盈利的情况下，增加一个支付宝，无疑会使运营成本增加不少。马云"起跑"两年后，所有人都听到了发令枪响。

从 2005 年开始，做第三方支付工具的公司开始明显增多，包括互联网公司和物流公司都在试图进入这个领域。而这个时候，马云的支付宝已经运行了两年了。

从 2003 年到 2005 年，两年的时间，支付宝的提前诞生给马云带来多少的财富呀！而带来的无形财富更是无法用金钱来衡量的。更重要的是，这两年时间，又让后来者和支付宝拉开了多大的差距呀！而且支付宝这种领先的趋势还在延续，甚至还在继续拉大。之所以会出现支付宝"领跑"的结果，恐怕还是马云抢跑的原因。

这种优势从马云和包括四大国有商业银行、十大股份制银行、国内最优秀的物流公司在内的"巨无霸"们进行合作谈判的时候，就非常明显地体现出来了。用马云的话说就是："这些银行的态度好得出乎我们的想象。"华尔街投资者曾经预言："谁在支付上掌握了主动，谁也就掌握了中国的电子商务市场。"马云用"抢跑"为自己占领了这个市场。

机会面前人人平等，但并非人人能够把握，在茫茫的商海中，商机是一大片的绿岛、是航船，找到它、抓住它、掌握它，则生存、则骄傲；反之，你就会在惊涛骇浪的竞争中被淹没。商机不是从天上掉下来的馅饼，稍纵即逝，谁先抓住商机，谁就是最后的成功者。

事实已经证明，速度已经成为企业竞争的决定性因素之一，以速度对抗规模，以速度利润战胜规模利润，将会成为衡量企业核心竞争能力的重要指标。纵观现实，你会发现，无论是蒙牛、苏宁、海尔、联想、TCL、万科、阿里巴巴（淘宝网）、超级女声、芙蓉姐姐、于丹、易中天等的出名都是"火箭速度"。

在大方向不错的情况下，速度就是一切，这是真理。速度能为企业制造"神话"，也是一个人走向成功的超级竞争利器，谁忽略了速度，谁就会跟不上时代的变化。因此，无论是作为一个公司的管理者还是经营者，都应认识到速度的价值，并不惜一切代价地提高速度，不能输在起跑线上。

人生忠告 石头在水中，怎样才能不沉底——唯有速度。打水漂，就是利用了速度的原理。因此，一定要意识到速度的重要性，在机遇当头之际，要迎头赶上，大胆前进，不丧失发展的良机，在速度中战胜对手，淘到属于自己的财富。在信息化的时代，决定一个人或者一个企业成败的不是什么细节、战略、理念，这是工业化时代的概念。

4. 只赌自己有把握的事

什么样的人最适合创业呢？有一个机构做过一个调查，调查发现赌徒最适合创业。这并不是一个玩笑，因为创业本身就是一项冒险活动，就是一场赌博——哪一个创业者从一开始就敢担保自己必胜无疑呢？

创业之初，大都是怀着一种赌博的心态。调查发现，赌徒的心理承受能力远远强过普通人，而创业正是最需要强大心理承受能力的一项活动，大凡成功人士都有某种程度的赌性，尤其是企业界人士。

经商创业其实就是一场"赌局"，在这场赌局里，敢赌的人永远能冲在最前面，成为最先拿到"面包"和"票子"的"先富起来的一部分"。

史玉柱的赌性大家都是知道的，当年他在深圳开发 M-6401 桌面排版印刷系统。一次，他身上只剩下了 4000 元钱，但是，他却向《计算机世界》定下了一个 8400 元的广告版面。

史玉柱唯一的要求就是先刊广告后付钱，他的期限只有 15 天。前 12 天，他分文未进，第 13 天他收到了 3 笔汇款，总共是 15820 元，两个月以后，他赚到了 10 万元。收到这 10 万元，他并没有揣进自己的腰包，而是全部做了广告费。4 个月后，史玉柱就成了百万富翁。

难以想象，要是 15 天过去之后，收来的钱还不够付广告费，史玉柱该怎么办？后来提起这件事情，史玉柱笑着说："其实我也不知道我能不能在 15 天内拿到订单，付清广告费，我只知道看准了，就要赌一把，要敢于做赌徒，没有什么好怕的。幸运的是，那次，我赢了。"

想常人之不敢想，做常人之不敢做，这就是吉利集团董事长李书福的秉性。

1993年，李书福去某大型国有摩托车企业参观考察，看见摩托车产销两旺的势头，就向该企业老总提出为他们做车轮钢圈配件。对方一听，笑道："这种高技术含量的配件岂是你们民营厂能完成的，该做什么还做什么去吧！"

不信邪的李书福憋着一肚子气回到公司，大胆提出要自己制造摩托车整车，周围一片反对声。连他的亲兄弟都笑他不自量力："车祸死了人，有你好看的。搞不好千年砍柴一夜烧。"

李书福决心已下，但这次他再次遭遇"红灯"——没有摩托车生产许可证，到处求情均以碰壁告终。"北极花"的教训犹在眼前，吃一堑长一智，他"绕道"以数千万元的代价收购了浙江临海一家有生产权的国有摩托车厂，"借船出海"。

只用了7个月的时间，吉利就开发出中国同行一直没有解决的摩托车覆盖件模具，并率先研制成功四冲程踏板式发动机。接着又与行业老大"嘉陵"强强联合，生产"嘉吉"牌摩托车。不到一年，又开发出中国第一辆豪华型踏板式摩托车，很快便替代了日本和台湾的同类产品。此后，他的摩托车不仅一直占据国内踏板车销量龙头地位，还出口美国、意大利等32个国家和地区。

1999年，吉利摩托车产销43万辆，实现产值15亿元，吉利集团也因此赢得"踏板摩托车王国"的美誉。李书福敢想敢做、勇于创新的创业路子，再次取得巨大成功，从市场上得到丰厚的回报。

创业之初的马云不像现在这样个性张狂、语锋凌厉，尽管他那时口才也很好。始于1995年,马云在杭州向企业兜售一种难觅其踪的产品——网络页面。那个时候,马云已经有了"偶像",他就是带领雅虎腾飞的杨致远。梦想在心中激荡,马云要干的是把"中国黄页"做成中国雅虎。

为了把面向企业服务的互联网商业模式做大做强,马云来到了北京,但是没有人相信他。当时有人向马云提了一个问题:"目前的政策环境下,民营公司怎么可能把网络做起来?"

这是马云无法回答的问题,也是他极力回避的问题。当年搞网络的第一大风险就是政策风险,"中国黄页"生不逢时。北京一行,发了几篇新闻稿件而已,除此之外,马云没有任何收获。而在接下来"中国黄页"的合资之败,将马云彻底击倒在地。马云输了第一场赌。

1999年初阿里巴巴的草创,是马云的第二场赌。马云回到杭州以50万元创业,开发阿里巴巴网站。他押宝在B2B,一个在当时普遍不被看好的产业。

2000年9月,马云策划了第一届"西湖论剑",和王志东、张朝阳、丁磊、王峻涛这些"大佬"并排而坐,马云内心惴惴,因为他还不知道阿里巴巴能靠什么盈利。一个月之后,马云确定将"中国供应商"作为主打收费产品,成立直销队伍在浙江省内开展拉网式"直销"。这一次,马云赢了。

靠B2B起家的马云一度不看好网上购物,但2003年他出人意料地介入到C2C领域,以孙正义投下的8200万美元为资本打造淘宝网,挑战美国eBay。没有人认为马云会赢,但马云居然又赢了,将eBay易趣挑落马下。

马云的三场豪赌,赢两场输一场。

马云其人,喜欢赌,但不好赌,创业时期经常挂在嘴头的一句话是:

"失败有什么可怕,大不了从头再来。"马云是抱定愿赌服输的心态去经营淘宝网的。2005年的马云春风得意,他以张扬的举止将雅虎中国揽入怀中,不承想却从此跌入"整合"之中难有大的建树。"做了就全力以赴,输赢固然重要,更重要的是把对的事情做好。阿里巴巴赌过,已经赢了,淘宝网、雅虎中国赌的都是未来。"

至少现在看来,马云还会继续赌下去。

在福布斯富豪们看来,不能只盯着可能存在的风险而裹足不前,应该具备"没有金刚钻,也敢揽瓷器活"的勇气。不能冒风险的人,必将一事无成。

很多生意人身上具有赌徒的性格,这并不是坏事情,商海无情,一个商人无时无刻不在跟自己赌,跟市场赌,跟客户赌,跟对手赌,这样的赌是最能看出一个商人的秉性的。

在创业的路上,面对最直接的利害得失,我们必须敢于做出自己的选择,表达自己的态度,并且承受因我们的选择而带来的后果。

一个人成功的关键是胆量和勇气,如果没有胆量和勇气,就不会拥有一切。人生也是一场赌局,愿赌服输是一种风度,一种境界。既然选择了,就必须赌下去,不能患得患失,瞻前顾后,更不能因此而失去理智,迷失心性。

如果想做生意,想闯荡商海,没有一份胜败自如的洒脱,是难以承受商海的风雨的。人生的输赢,不是一时的荣辱成败所能决定的,今天赚了,不等于永远赚了;今天赔了,只是暂时还没赚。

任何时候,过人的胆识和胸怀都是一个人最重要的品质,坚持到底就是胜利,做生意是这样,做人是这样,做任何事情都是这样。只有如此,才能禁得起经济战场中的枪林弹雨,成为活着出来的那一个,成为发家致富的"王者"。

诚然，人生需要胆量，需要冒险，冒险精神是一个人走向成功的根本，但人生毕竟不是赌博，盲目的冒险等于冒进。我们一定要分清冒险与冒进的关系，要区分什么是勇敢，什么是无知。

无知的冒进只会使事情变得更糟，你的行为将变得毫无意义、惹人耻笑，并将为此付出惨重代价。商海无情，需要我们拿出破釜沉舟的勇气和决心，带着钢铁般的信念走好每一步，尽全力拼搏。

人生忠告 要理性看待生活的挑战，既不要想得太复杂，也不要想得太简单，边做边学。胆识+决心+毅力+智慧=成功。没有超人的胆识，就没有超凡的事业，没有敢于承担风险的心理素质，任何时候都很难成功。

5. 创业不仅要"想"还要"做"

永远不要忘记自己第一天的梦想！只要不忘记自己第一天的梦想，始终沿着最初的目标走下去，就会距离梦想越来越近。——马云

梦想源自于现实，但又与现实之间有着一段很遥远的距离、在马云看来，一个创业者有梦想固然是好事，但如果仅停留在"想"的层面的话，恐怕也只是一句空谈。但想要把梦想付诸实践，就必须要保证自身的不可替代性以及优越性，以在激烈的市场竞争中脱颖而出。

有一则经典故事：

有一个叫布罗迪的英国教师。他有一天在整理阁楼上的旧物时，发现了一叠作文簿。他努力去记起来，终于发现这些都自己 20 多年前所教过的一个班 31 名学生的写有一篇题为《未来我是……》作文的作文簿。

当年，世界各国人民经历了二战。本以为这些东西早在德国对伦敦的空袭中被毁，但出乎布罗迪意料的是，它们竟然安然地躺在自己家里，并且一躺就是 25 年。

布罗迪一看到这些作文簿，立马露出惊喜、他随手翻了几本，很快就被孩子们千奇百怪的梦想迷住了。其中一个叫彼得的学生说，他将来必定是法国总统，因为他能背出法国 25 座城市的名字；还有一个叫戴维的盲

学生，他认为自己将来必定是英国的一个内阁大臣。总之，31个学生都在作文中描述了自己五彩缤纷的未来。

布罗迪再次认真读着这些作文，突然有一种把这些作文重新发到那些学生手中并让他们看看自己是否实现25年前的梦想的冲动。

于是，他找到并请求当地的一家报社为他发一则启事。很快，他得到了报社工作人员的肯定答复，对方立即把启事发出。没过几天，来自四面八方的书信到达了布罗迪手中。他们有的人成了学者，有的人成了商人以及政府官员，但更多的还是普通人。

这些人都表示很想知道孩提时的梦想，并且很想得到那本作文簿。于是，布罗迪按地址分别给他们寄过去。

一段时间过后，一封来自内阁教育大臣布伦克特的信到达了他手中。在信中，他写道："我就是那个叫戴维的学生，很感谢您还为我们保存着儿时的梦想。不过，我已经不再需要那个本子了，因为在我写下我梦想的同时，已将它铭记于心了。为了那个梦想，我一直不懈努力，从未放弃过。25年过去了，可以说我已经实现了当初的那个梦想。而如今，我还是想通过这封信告诉其他30位同学，只要不让年轻时的梦想随着岁月消逝，那么你总有一天会实现自己的梦想。"

在另外的30位同学都把儿时的梦想丢到一旁时，布伦克特却在将它铭记在心，并为它坚持努力奋斗。在25年后，他的梦想终于实现了。多数人和那30位同学相似，儿时曾有着各种各样的梦想，比如长大后成为作家、画家或者成为空军……然而，随着时间的流逝，这些梦想最终都被时间冲刷得支离破碎。

之所以很多人一生庸庸碌碌，就是因为他们把自己的梦想停留在了年幼时。梦想易于被人所遗忘，但它的力量却是巨大的，遗忘就成了梦想最大的天敌。

无论少年时有多么绚丽多彩的梦想，如果你不将之牢记于心，那么它原有的色彩也会随着时间褪去。很多人在成长过程中丢失了自己的梦想，等到垂垂老矣时才突然意识到，自己早已把梦想遗忘在了年少的岁月中。

每个人都应该永远记住自己第一天的梦想。马云在"赢在中国"现场曾对一位参赛选手说过："每个人不能沉浸在自己所为的成就中。

所以，我为大家提一个建议，那就是：永远不要忘记自己第一天的梦想！只要不忘记自己第一天的梦想，始终沿着最初的目标走下去，就会距离梦想越来越近。"

马云心口如一，他按照他所说的做了，我们一起来看看他的故事：

几乎没有人相信创业初期的马云与他所在团队会取得成功，大家都不看好马云，认为他这是一种冲动的行为。对于大家的众说纷纭，马云心中多少会有点不快。

但是这些舆论并没有把马云击败，因为他很快就认识到别人怎么看自己都无关紧要，关键还是自己怎么看待自己。如果连自己对梦想不自信的话，那么梦想永远也不可能会实现。因此，马云坚定而执着地向自己的梦想迈进，也就有了他后来的成就。

正是因为马云拥有那股在任何情形下都无法忘记自己最初梦想的执着

劲儿，他才能安然度过互联网业的冬天，迎来事业的春天。所以，就像马云一样，我们应该牢记自己最初的梦想，不能把它忘在年少时。

因此，你只要把自己的梦想铭记于心，并努力实践，你就可能会在某一天实现它。然而，梦想也会有有效使用期，它也会因为拖延而变质，也可能会被遗忘在过往的少年时光。因此，从现在开始，你必须为梦想努力奋斗。只有这样，才不会导致你在丢失梦想后为之感到扼腕叹息。

人生忠告 在选定目标后就必须为之付诸努力。在实现目标的过程中，有的人可能会被对金钱的欲望迷惑，也可能被对美色的贪恋羁绊，还可能会被对名誉的渴望阻断，甚至可能被对地位的攫取牵制……只有做到不为所动，才能实现自己的目标。只有向着既定目标勇敢前进，你成就自己的梦想。

6. 行动是实现梦想的唯一捷径

现在每个人都有机会去成为英雄，有机会去看到一个新的世界成长和到来。如果今天你开始采取行动，你很可能就是下一个 google、eBay。

——马云

俗话说："一个有事业追求的人，才可能筑起事业的高楼。虽然开始的时候是梦想，但只要不断奋斗，坚持不懈，就能梦想成真。"有人可能会说："梦想很丰满，现实很骨感，并不是每个人都能实现自己的梦想。"

事实上确实如此，虽然梦想源于现实，但又高于现实，它与现实之间还有很长的一段距离。但仅仅树立并牢记梦想是远远不够的。梦想就像一对隐形的翅膀，只有在你用行动这个引擎来启动人生客机时，它才会发挥其真正的作用。否则，将可能会一事无成。我们先一起来看看下面的这个故事：

在肯德基即将要打入北京市场前，这个著名的快餐公司曾派出一位代表来中国考察市场。逦一到首都北京时，这位代表就看到街道上密密麻麻的人流，内心十分激动地想："既然中国有这么多人，那么市场潜力也一定很大。"于是，他立即带着美好的憧憬回到了公司。公司总经理还没等他说完自己的"宏图伟业"，就很不耐烦地打断了他，并另派了一位代表来到北京。

与先前的代表不同的是,这位新代表来到北京后,先在北京几条街道上测出人流量,还进行了大量的实地走访。然后,又进行了一系列针对不同年龄、职业的人的调查,并详细询问了他们对炸鸡味道和价格的意见。

另外,他还对北京油、面、菜甚至鸡饲料等行业都做了广泛的摸底调查。最后,这位新代表带着他的样本数据回到了总部。

不久后,第二位代表就率领一队人重返北京,负责肯德基的推广工作。从此,肯德基打入了北京市场。

我们可以从上面的故事中发现,第二位代表与第一位代表的不同之处正是,当他发现了北京市场后,就积极展开了行动并进行实地调查,因此才能获得公司总经理的认可。

然而,第一位代表仅仅是带回了他的梦想,并没有任何行动。所以,他的梦想也不过是浮夸罢了。由上可知,你能否为梦想付诸实践是实现自己梦想的关键。

用俞敏洪的话来说:"一个人要实现自己的梦想,关键是要具备勇气和行动两个条件。"马云也曾说过:"现在每个人都有机会去成为英雄,有机会去看到一个新的世界成长和到来,如果今天你开始采取行动,你很可能就是下一个google、eBay。"

从俞敏洪和马云的话中,我们能明显的看出一个道理:要想实现梦想,就必须要采取行动,改变现状的捷径就是行动。我们来看看马云的故事:

从美国归来后的马云已经认识到互联网会改变人类，影响人类生活的各个方面。因此，他立即把 24 位朋友请到家中。等人到齐后，马云便对大家说："我准备从大学辞职，我要做 Internet（互联网）。"

当时，根本就没人懂网络。24 位朋友都瞠目结舌地看着他，陷入了沉默，而马云却在滔滔不绝地向大家介绍互联网。接着，两小时后，大家投票表决。其中，除了何一冰一个人支持马云外，其他 23 人都持反对意见。即使这样，马云依旧坚持要实现自己的梦想。

马云一星期以后拿出了自己全部积蓄，再加上从亲友处借来的几万，一共 10 万元。马云及其夫人张瑛和何一冰三人一起创办了浙江海博网络技术有限公司，而公司的实体就是中国第一家商业网站——中国黄页。

自从公司成立后，马云每天都出去向人们推销互联网，并想方设法地向别人宣传互联网的神奇。

人们的反应总是非常惊讶，且不解地问他："到底互联网是什么东西呀？"

当看到自己说了那么多，但别人还是一副不懂的样子。于是，他只好采用"兔子先吃窝边草"的策略，动用自己还算不错的人脉资源去说服朋友把公司资料免费放到自己的网上。杭州望湖宾馆、杭州电视机二厂，还有一间律师事务所都在马云的奔波下，收到了来自海外的电话和传真。

眼见自己的努力得到了回报，马云十分开心。可接下来却发生了一件更残酷的事情，因为企业根本看不到网页，也根本不知道载有自己企业资料的网页究竟是否存在，所以没有人愿意付钱。因此，马云在那段时间一直被人看作是骗子。

直到1995年7月上海开通了互联网专线，这种情况才结束。马云为了证明自己绝非骗子，决定在杭州上网给客户看。他先找来一台486电脑，从杭州拨通上海的电话连接互联网，并把望湖宾馆的照片和资料从美国传过来。望湖宾馆的照片终于三个半小时后出现在人们的眼前，如同热锅上的蚂蚁一般焦急万分的马云这时才松了一口气。从此以后，马云的生意才开始转危为安，而公司也开始了盈利。

我们从上面的故事中，可以发现马云之所以能实现梦想，正是因为他积极展开了一系列行动。逦一接触互联网，他就立马凑钱成立了互联网公司——中国黄页。公司成立后，马云就开始挨家挨户地去推销互联网，甚至向身边的朋友推销。

后来，为证明自己不是骗子，他又在上海开通互联网积极地把网页展示在客户面前。最终，马云实现了自己的梦想。如果马云仅仅是一味地想而不去行动，那么他只能眼睁睁地看着梦想在眼前烟消云散。

英国首相本杰明·迪斯累利曾说过："虽然行动不一定能为人带来满意的结果，但如果不行动的话，就绝不会有满意的结果。"行动起来吧！没有行动或者拒绝行动，你将不可能成功，也永远也不可能实现自己的梦想。那么，怎样才能养成行动的好习惯呢？且看以下两点参考建议：

第一，用自动反应去完成简单却烦人的工作，并且从完成杂物的过程中养成行动的习惯。

第二，具体化自己即将要做的事。如果你准备做什么事之前，用一支笔把他们写在纸上，这样就能更久、更准确记住它。一旦养成了这样的习惯，你的思想就会促使你积极行动。

如果你想实现自己的梦想，那么就必须行动起来，因为行动是实现梦想的唯一捷径。从现在开始，努力地朝着梦想的方向奋斗。

人生忠告 伟大梦想的实现始于行动。每一个怀揣梦想的人都应当一手紧握着梦想，另一手紧握着行动。怀抱梦想，勇于行动，对自己的梦想要自信它最终将一定会实现。当然，行动会有千万种表现，但是最终，只有那一个与众不同的人才能最终卓尔不群，鹤立鸡群。

7. 适时出击，抓住机会

很多创业者常常苦于机遇的难得，或者是好不容易遇到了一个机会，又由于自己的优柔寡断而与之失之交臂。创业的机遇真的很难抓住吗？其实不然。

机会对于每个人来说都是平等的，但每当机会来临时，又绝对不可能保证平均分配，这是事物发展的规律。

所以，在机遇到来之时，你必须抓住机会，适时出现，绝不能让机会从身边溜走。人的一生当中，真正适合你的机会其实并不会很多，错过一次机会，人生便错过了一次提升层次的转机，当所有的机会都被你在蹉跎中错过，结果可想而知！在这个经济高速发展的今天，竞争和机遇是并存的，只有在机遇面前当机立断，你才会在高手如林的竞争中永立不败之地。

每个人都有自己的理想和目标，都希望自己的价值能得以实现。然而，要想实现这一切也很简单，关键是你是否敢于伸出双手，抓住机遇；也在于你是否即使迈出双脚，迅速行动。很多人因为胆小怕事或者畏首畏尾等各种原因，错失良机，这能怪谁？机遇来临，就要迅速行动起来，在它溜走之前就采取行动，那么，幸运之神就降临了。

有的人因为抓住了机遇而"柳暗花明",从而摘取成功的桂冠;而有的人因为与机遇擦肩而过,从而"山穷水尽",甚至有人为错过机遇而遗憾终生。

人生就是这样,谁抓住了机遇,谁就抢占了先机,成功的大门就向他敞开。机不可失,失不再来;机会是可遇而不可求的,能不能抓住当前的机遇,主动权就在自己的手中,往往只有目光敏锐、勇敢果决的人才能获得它,抓住它。当机会来临的时候,一定要适时出击,决不放过任何一次机会。

很早以前,有个人看到天空中飞着一只大雁,在准备拉弓射雁时,他嘴里说着:"射下这只雁回去煮着吃。"他弟弟听到后争执说:"在地上不动的雁应该煮着吃,会飞的雁应该烤着吃才行。"弟兄俩相互争执的不可开交,并向母亲告状。母亲要他们把雁分开,一半煮着吃、一半烤着吃。等他们再去射雁时,那雁早已飞得不知去向了。

机会只有一次,稍纵即逝。因此,懂得这个道理的马云从不让机会从身边溜走。2005年8月10日,阿里巴巴雅虎在北京宣布签署合作协议。阿里巴巴收购雅虎中国全部资产,阿里巴巴还获得雅虎品牌在中国无限期使用权。

在这一系列事件的背后,马云无疑成为业界驻足的焦点。而在接手雅虎中国之后,阿里巴巴几乎成了所有互联网公司的敌手,但其风格还是一如既往地主动出击。对此,马云说:"这是个非常难得的机会,不抓住会终身遗憾,何况我已经等了7年!"

不仅如此，马云又在当年十月份宣布淘宝网将以 10 亿元人民币再免费三年，欲以免费的营销策略来圈得更多的用户。这一举动更是为马云带来了巨大的经济效益。马云说："适时出击很重要，我练过太极拳，太极拳要求专注，别看绕来绕去，其实瞄准的目标都只是一个点，而且选择适时出击。

所以在金庸小说里，我特别欣赏黄药师的出场。所有人都不怎么在意这个老头，没有防他，黄药师突然一招将我认为最能打的人扔到河里。所以选择什么时候出手很重要。"

也许有许多人在走到生命尽头时，会感慨如果有第二次选择的机会，自己一定会更加努力，更加珍惜选择的机会、更加珍爱生命。

其实，每个人生活中的每时每刻都充满了机会。你在学校或大学里的每一堂课是一次机会；每一次考试是你生命中的一次机会；每一个病人对于医生都是一个机会；每一篇发表在报纸上的报道是一次机会；每一个客户是一个机会；每一次商业买卖是一次机会……你所要做的就是在机会来临之时，适时出击，抓住机每一次机会。

罗曼·罗兰说："如果有人错过机会，多半不是机会没有到来，而是因为等待机会者没有看见机会到来，而且机会过来时，没有一伸手就抓住它。"

如果是机遇没有光顾你，或许还可以借眼力尚浅而自我解嘲，如果机遇已经叩响了你的大门，倘若因为你的迟缓和徘徊而让机遇失之交臂，那么可以肯定地说，悔之晚矣！要明白，机不可失，失不再来。

在美国，一家石油公司破产后，所有的职工都失业了，其中有一名员工叫约翰，失业后因为失去了所有的经济来源，心情极度沮丧，对生活也失去了信心，不再相信任何事情。

有一天，他在家里无所事事，偶然间他发现自行研制的石油探测器闪起了红光，并不停的发出叫声。他非常好奇，一看，指针正指着一座城市，显示屏告诉他，这座城市有丰富的石油。

可是，心情极度沮丧的他却怎么也不相信这是事实。于是，他认为这只是探测器出了故障，没有去理会。到了第二天早上，这个探测器还在不停地发出警告。灵机一动的他一下变得头脑清醒了。心想：反正在家也没有事，只管去那看一看吧，只当是旅游散心。

到了那个城市之后，让他感到吃惊的是，这里竟然真的有好多石油！

回去之后，他开始精心做了策划，开始了创业生涯并取得了巨大的财富。

"机不可失，失不再来"对于企业有着非常重要的意义。市场竞争已经使各行各业的利润空间越来越小，只有把握难得的机会，尽量争取利润最大化，才能使企业得以生存和发展。

2003年，中国遭遇了突如其来的非典袭击，很多人为了躲避非典，都被迫待在家里，以至于人们的出行和购物受到了很大的限制，为满足自己的需求，很多人选择了通过网上购物这一途径。

在这么危险的一个时刻，虽然阿里巴巴的办公场所也被隔离，但马云却克服重重的困难，让公司的业务照常进行，让电子商务发挥了它潜在的巨大能量，成功的将这次挑战变成了机遇。

从 2003 年 3 月份开始，阿里巴巴每天新增会员 3500 人，比上一季增长 50%，而大量的老会员也强化了在网上贸易的使用频率和程度；每日发布的新增商业机会数达到 9000 至 12000 万条，比 2002 年增长 3 倍；国际采购商对商业机会的反馈数比上一季增长 1 倍；国际采购商对 30 种热门中国商品的检索数增长 4 倍；中国供应商客户数比 2002 年同期增长 2 倍；每月有 1.85 亿人次浏览；240 多万个买卖询盘（反馈）；来自全球的 38 万专业买家和 190 万会员在通过阿里巴巴寻找商机和进行各种交易。

据有关数据统计，阿里巴巴的业务量在非典期间增长了 6 倍，也就是在这一年，抓住了机遇的阿里巴巴实现了一天收入 100 万元；2004 年，阿里巴巴又实现了一天利润 100 万元。

愚者错失机会，智者善抓机会。一场由于非典带来的危机，给许多企业造成冲击的时候，陷于完全被动局面的阿里巴巴，却把它转化为一种挑战，并取得了意想不到的成功。抓住了机会，成功就是这么简单。

可以毫不夸张的说，一个机遇，可以使一个人在一夜之间发生改变。机遇，是一个成功的不等式，它让一切不可能变成了可能。小溪抓住了源头活水的机遇，成为了大泽；种子抓住了土地肥沃的机遇，成为了参天大树；人类抓住了火种的机遇，成为了世界的主宰。

抓住机遇，加上努力，那么你就可以创造成功了。一个好的机遇等于成功的一半，认真的做好准备，抓住从你身边溜过的每一个机会吧！

人生忠告 在我们的一生中，即使有良好机会来临，也往往是转瞬即逝。"命运无常，良缘难续！"如果当时不把它抓住，以后就永远失去了。假使机会来临，你发觉自己有了拖延的倾向，不管怎样困难，你都应该迅速行动，立刻动手去做。这样一次次机会的累积，你的命运在无形中就会被一点点的改写。机遇不会在某个地方等你，机遇常常会蒙着神秘的面纱，隐藏起来，你只有适时出击，你才能够接近它，获得它！

8. 看不清的机会才是真正的机会

很多人输就输在,对于新事物第一看不见,第二看不起,第三看不懂,第四来不及。等到你想学习认识的时候,别人已经成功了。——马云

成功学大师德鲁克曾说:"对于那些成功的人,我们只看到了他们取得了我们没有取得的成果,却不去想他们看到了我们未曾看到的东西,想到了我们未曾想到的方法。"成功的关键就在于有好的眼光,你的想法与众不同,你的眼光与众不同,你的方向与众不同,你能够看见别人没有看见的商机,成功自然就会属于你。

股神巴菲特有一句名言:别人贪婪时我恐惧,别人恐惧时我贪婪。为什么巴菲特常常会和别人背道而驰呢?就是因为他看到了别人看不到的机遇。

当股市狂热上涨的时候,人们很容易在利益面前迷惑,其实大涨到了顶点就容易大跌,因为庄家会抛售手中的股票,这时你要懂得防备这样的危机。

而当股市持续低迷的时候,大家都无心增持股票,可是大跌之后往往又会开始上涨,这时最适合低价购入待到上涨时高价抛出,以此赚取差价,所以这时候你可以贪婪一些。

股市上并没有什么常胜将军，巴菲特也曾失败过，但是总体而言，他是这个行业中最成功的。因为他比别人更善于发现并把握机会，而这些机会永远不会显露在所有人面前。好的东西总是会被伪装起来、隐藏起来，这样它的存在才会有价值。

如果每个人都能一眼看到这个东西，那么它就已经失去了应有的价值。如果十个人当中，有五个人觉得某件事值得去做，那么这件事实际上已经没有什么去做的意义了。

好的玉石往往嵌在石头之中，发光的金子则隐藏在沙子当中，那些暴露在外的往往都是糟粕，机会也是如此，只有当别人迷惑的时候，当大家都被迷雾笼罩的时候，机会才会出现。只有当大家都不觉得它是个机会时，它的价值才会凸显，如果你看得比别人更深、更远，就比别人更容易把握机会，也更容易获得成功。

马云说，一个好东西怎么好往往是说不清楚的，说得清楚的往往不是好东西，那么也可以说一个好机会常人是看不清楚的，看得清楚的就不是好机会。马云愿意去尝试那些别人看不见、看不清、看不起的东西，自然他最终也把握住了别人看不清的机会，并成为中国电子商务的领头人。

严格说起来，马云并不是最先接触互联网的中国人，也不是最先接触电子商务的中国人，但是他却是做电子商务做得最成功的中国人，其中一个很大原因就在于他从互联网上发现了商机，而很多人要么没有发现，要么没有预估到互联网的商业价值。

正因为如此，马云在创业初期竞争压力很小，虽然当时同类型公司已经慢慢发展到三十家，不过相比于其他产业和行业，互联网的竞争对手算是最少的了。因为没有人愿意去做，甚至于当马云宣传互联网的好处时，很多人都认为他是一个骗子。

这种误解让马云有喜有忧，忧的是大家对互联网的不信任和排斥，喜的是这证明了互联网在国内还是一个未被开发的处女地，里面潜在的经济、社会、文化价值是巨大的。自己越是尽早进入，就越能够分到一块大蛋糕，如果犹豫不决，放弃这个市场，那么将来互联网真正繁荣起来，自己至多只能分一杯羹了。

正因为始终坚守这一信念，马云成为少数几个能看到互联网发展机会并把握住机会的人，最终他当然要比其他人更加成功。

如果一个创业者看见的东西和大家一样，那么就没有必要去创业了，因为你所面临的竞争一定会很大，你成功的概率会很小。

华人首富李嘉诚曾经说过："当一个新生事物出现时，只有5%的人知道赶紧做，这就是机会，做早就是得先机；当有50%的人知道时，你做个消费者就行了；当超过50%时，你看都不用去看了。"

对此，他解释说："当别人不明白他在做什么的时候，他明白自己在做什么；当别人不理解他在做什么的时候，他理解自己在做什么。当别人明白了，他富有了；当别人理解了，他成功了。"

绝大多数人都是在超过50%的人都知道某个项目后，才想到要去投资，而不能及早发现商机。所以总是跟在别人的后面去做，总是在竞争最激烈的时候才想起去做，总是在没有多少利润空间的时候去做，这时候是很难获得成功的。

所以，年轻人要具有长远的眼光，要懂得透过现象看本质，还要有独立思考的能力，不要总是想着随大溜儿，不要总是参照别人的想法去判断，而应该善于从别人忽略的东西中寻找商机。

人生忠告 我们应该明白一点：当一个建议能够被大多数人想到时，这个建议绝对不是一个好建议；当一个方法能够被多数人想到时，这个方法也不会起到什么大作用，只有当大家都不够重视某个机遇或者趁着大家都没有发现的时候，你成功的机会才最大。